俺がおまえの人生を変えてやる!

悩み相談

アンドリューW.K.

rockin'on

はじめに

本書は月刊洋楽誌『ロッキング・オン』で、2002年から『悩み相談』として連載された、アメリカのロックンロール・ミュージシャンのアンドリューW・K・が読者から寄せられたありとあらゆる悩みに答えるというコラムを一冊にまとめた本である。レイアウトの都合で、前後している箇所もあるが、本書の〝悩み〟は基本的に『ロッキング・オン』に掲載された順番を守っている。

2001年に一部では鼻からのコカイン吸引の副作用を表現していると非難された鼻血ブーの写真が強烈だった『アイ・ゲット・ウェット～パーティー・一直線！』で、劇的なデビューを飾ったアンドリュー。彼が鳴らす、ドラッグとセックス、そして人生(?)を謳歌した超ハイパーなパーティー・ロックを初めて聴くと、悩みを相談したくなる相手とは思えないだろう。しかし、その軽薄な音楽とは裏腹に、実際のアンドリューは非常に温厚で、インテリジェントで、〝深い〟人間なのだ。そして、その矛盾こそがアンドリューの面白さなのである。『悩み相談』は、ここ日本で〝兄貴〟として慕われ、人気上昇中のアンドリューのそんな側面を、より読者に知ってもらうべく敢行した単発的な企画だった(2002年7月号に掲載)。しかし、独特の哲学と思いやりに満ちたユニークな回答に対する反響は予想をはるかに超えて、そのために2ヶ月後の9月号からは本格的な月刊連載となり、今なお、毎月アンドリューには読者の悩みに答えてもらっている。

過去には、ハッピー・マンデーズのベズやペイヴメントのギャリー・ヤングなど、超個性的な洋楽パーソナリティ(ふたりともミュージシャンとは呼びがたい)による『悩み相談』を『ロッキング・オン』で連載したことがあるが、これほど長く続いた『悩み相談』はこれが初めてである。その理由はいくつか挙げられる。ひとつはアンドリューの、頭にクソを10コぐらい付けてもいいぐらい真面目な性格。洋楽アーティストに電話取材をすっぽかされることはよくあることだが、アンドリューはほぼ毎月必ず対応してくれる。何回かツアーの都合などで、スケジュールが合わなくてやむを得ずキャンセルしたときがあったが、基本的にはどんなに忙しくても、この『悩み相談』のためにスケジュールを合わせてくれるのだ。

さらにアンドリュー自身が〝悩み〟に答えること、つまり人にアドバイスすることに覚醒したのが大きい。最初はプロモーションの一貫として捉えていた連載だったが、回数を経ていくうちに、そこにアンドリューは一種の使命感を覚えたという。実際、これにより〝トーク〟という、音楽と同じく世界とのコミュニケーションを可能にする新たなる芸当を身に付けたアンドリューは、現在、ミュージシャンと並行して、講演者としても活躍していて、エール大学などの名門をはじめ、世界中の大学やイベントでレクチャーを行っていたりするのだ。

だが、もっとも大事なのは読者の方々がアンドリューの類稀なパーソナリティを面白がってくれ、信頼してくれたこと。そして、6年間絶えず〝悩み〟を送り続けてくれたこと。ずっと連載を担当している者として本当に感謝しています。

恋愛や仕事など誰もが共感できる悩みから極私的な悩み、もはや悩みとは呼べない意味不明の問い掛けまで、これまで読者から寄せられた悩みは実に様々。本書には、そんなありとあらゆる〝悩み〟に対するアンドリューの独特なアドバイスが188つ収められている。ときにはシリアス、ときにはユーモラス、ときには不条理とも思えるアンドリューの回答。それらに啓蒙されるのもヨシ、笑い飛ばすのもヨシ。あくまでひとりの人間のオピニオンなので、それをどう捉えるのは受け手の自由であるが、アンドリューの独特のフィロソフィーが込められたひとつひとつのアドバイスが、それを読んだ人ひとりひとりに、何かしらのリアクションを喚起させることを願いたい。それこそがアンドリューの本望だから。

なお、アンドリューの返答に、所々、突っ込みを入れているのは、ずっと連載を担当してきたぼくです。

内田亮

ライヴやフェスに行くことを母親に反対されている場合

人生の悩み

「あんただけ遊びに行ってずるい」と母親に反対されて、ロックフェスはもってのほか、普通のワンマンライヴにも行かせてもらえない女性からの悩み。母子家庭で育ち、自由時間を削ってまで、すべてを生活費、そして自分の学費を稼ぐためにがんばってくれた母親には感謝の気持ちもあり、ライヴ費も自分のバイト代から出しているという彼女。母親に反対されて、あまりの悔しさのため、いつも部屋に閉じこもり爆音ロックをかけては、泣いているそうです。さてアンドリュー、どうする？
（19歳、女）

「わかってるとは思うけど、親も人間なんだよ。君と同じなんだよ。ちょっと年が上なだけでさ。そう思えるのが難しいときもあるんだろうけど、そう思えば、彼女と接するのもそう難しくなくなるはず。ただ、君のお母さんはすごい人だけどね……。君はお母さんの立場もよくわかってるようだ。だから、そうだなあ、とにかくお母さんと、自分の音楽に対する愛についてじっくり話をするのがいいかと思うよ。君がそうやってお母さんの立場を理解して、お母さんのことを大切に思っているってことをちゃんと話せば、お母さんも君の気持ちや立場をわかってくれるようになるんじゃないかな。もちろん、親っていうのは自分の子にとって何がいいか一番よくわかってると思い込んでいるもので、実際にそのとおりだったりすることもあるけど、でもそうじゃないときもある。で、そういうときは、やっぱり子としてキツイ。でも、そんな状況からも人は何かを学びとっていくものなんだ。逆に、親のことを変にうらんだりすることだけは絶対にしちゃだめだよ。うらみたくなるときもあるかもしれないけど、でも親も親なりにベストを尽くしてがんばってるから。やってることは的外れだったりしてもね。とにかく、お母さんが精神的に疲れていないとき、つまり怒ったり落ち込んでたりしていないときを見計らって、自分の気持ちを伝えるべきだよ。自分が伝えたいことを事前によく考えて、一番いいタイミングに、こう言うんだ。『お母さん、わたしはお母さんのことはものすごく大切に思ってるし、尊敬してる。わたしをいい学校に行かせてくれるため、ちゃんとした生活ができるため、お母さんが一生懸命働いてることもよくわかるし、ものすごく感謝してる。わたしたちはひとつのチームのようなもの。だからこそ、お母さんにもわたしにとって音楽がどれだけ大切か、わかってもらいたい。わたしにとって音楽はただの娯楽じゃないの。もっともっと自分にとって大切なことだし、すごくわたしを幸せにしてくれるものなの』。こう言えば、君のお母さんもわかってくれるんじゃないかな。あと『わたしのことを信頼してくれるんだったら、お母さんの信頼を裏切るようなことは絶対にしないから』ってことも伝えるべき。こういう風に伝えたら、君のお母さんも理解してくれると思うよ。おれの親父はすごく厳しくて、あれもこれもダメって言うような人だったんだ。特に金銭的なことにはものすごく厳しくて、というのも、親父は小さいころ、金でものすごく苦労してたんだ。だから、自分で働いてちゃんと収入を得るようになっても、お金のことになるとすごく神経質になるんだよ。たとえば小さいころ『ガムが欲しいから25セントちょうだい』って言ったら、『そんな無駄使いはダメだ』とか言われた。それなのに自分のためにはすごく高価なシャツを買ったりしていて。すごくおかしな感じだったよ。でも、落ち着いて話をすると、それは悪いことをしたって言ってくれたんだよ。ただ、金銭的なことで自分の子を甘やかしたくなかったってね。とにかく大切なのは思いやりを持って相手と接すること。そうすれば、相手も君に対して思いやりを持って接してくれるようになるはず。すぐにそうはならなくてもいつか事態は好転するよ……あ、あとつけ足していいかな。お母さんに自分の胸のうちを伝えるとき、攻撃的にならないこと。なぜなら、君が相手を攻めるような口調になると、お母さんも身構えてしまうから。たとえ反発されても、君が突っかかっていくようなことはしちゃ駄目だよ。人生は短い。君は自分にとって何が幸せなのかわかっている。そしてお母さんはその幸せを君に与えてあげられる立場にいるわけだ。変な小競り合いでそれをすべて台無しにするのは、あまりにももったいないよ」

すべてが圧倒的で、まるで『マトリックス』のように誰かに操られているような感覚の場合

とにかくすべてに圧倒されて、まるで映画『マトリックス』みたいな感じで、自分が誰かに操られているような感覚に襲われている20歳の男性からの悩み。アンドリューは、20歳の頃はどんな感じだったのか？（20歳、男）

「20歳って、おれにとってそんな昔の話じゃないからね。うーん、数日前のことのような気がするんだけど……操られてるような感覚か、う～ん……たとえばおれなんかは、誰かに足を引っ張られたり、職場の上司や親父、あとときどきは母親からもうるさく言われたり、地元や周りの状況に縛られたり、そういう風に感じることはあったけど、でもそれがすべて自分に対する逆風だと感じたことはないんだ。自分のことを被害者みたいに感じたら、それは自分が弱いからなんだって思ってたね。もし誰かに操られるようなことがあったら、それはおれ自身がそれを許したからであって、気付いたら抵抗するようにしていた。それはなにも言葉や行動ではなくて、頭の中で、そういうのに反発するって感じで。結局、自分がやること、感じることは自分以外の誰にも決められないんだから。たとえば、誰かが君のことを嫌なやつだと言ったとして、その言葉に君が何かしら影響を受けたとしたら、それは君がその言葉を信じたからなんだよ。『おれは嫌なやつなのか……。なんか嫌な気分だな』って、頭の中で考えたからなんだ。すべては君次第なんだよ。君には自分がどう感じるかを決められる力があるんだ。もし誰かに操られてるように感じるんだったら……おれは別に君のことを弱い人間だって言ってる

？特異な悩み

んじゃない。ただ、君にだってそういう状況を絶対に乗り越えられる力があるってことをわかって欲しい。君が逆に主導権を握れるってことをね。簡単じゃないのはわかってる。実際、すごく難しい。だから、毎日努力していかなくちゃだめなんだよ。おれだって毎日努力してる。『大切なのは何か。おれは何と闘っていくのか』って、毎日のように考えてる。自分じゃどうすることもできないことに対して、これから先も不満を溜めこんでいくのか、とか。たとえば、職場にウマの合わない上司がいたとする。で、おれはそいつの悪口をぶちまけるのにエネルギーを使うことができるわけだし、実際にそういう人は多い。でもさ、その同じエネルギーを別の職場を探すことに使うこともできるんだ。だからさ、君だって誰かに操られてるって嘆く時間を、その操られてる状況から抜け出すために使うことだってできるはずなんだ。とにかくわかって欲しい、君は自分がやりたいと思ったことは、な・ん・で・もできるんだ、ってことを。誰もが言う綺麗事かと思われるかもしれないけど、マジで、君はなんでもできるんだよ。『どうやって？　お金がないのに』って言うんなら、じゃあ、金を稼げばいい。金がないっていうのは言い訳でしかなくて、本当にやりたいことがあって、そこにコミットする意志があるなら、なんでもできるんだ。金はその道具にしかすぎない。そもそも金は使わなきゃ意味がないもので、使われるためにあるもの。何かを手に入れたり、何かを楽しむためだったり、どこかに行く手段だったりさ。だから金自体にはなんの意味もないんだ。だから金のなさを口実にしがちなんだけど、金は言い訳にはならないんだ(ここで一息)。……えーっと、とにかくおれが言いたいのは、すべてが君次第だってこと。何をどう感じるか、何を現実と呼ぶか。すべてね。君の頭の中じゃ、君以上に強い人間、力を持った人間はいないんだ。『マトリックス』みたいな世界が君の頭の中にも存在するんだよ。だから、そういう世界が存在するから、君も自分の頭の中をコントロールできるんだよ。それは誰かが書いたマトリックスじゃなくて、君が書いていくマトリックスなんだ。だから、君も自分で主導権を握るんだ」

●ただ、そのコントロールっていう言葉にはもうひとつの意味があって、たとえば好きなことを自分の思うとおりにやってると思っていても、それが知らない間に誰かにコントロールされていたからってこともあるよね。たとえば、ぼくはこのエヴィアンを飲みたいと思って飲んだとするよね。でも、もしかすると、このエヴィアンを飲みたいって思ったのは、ちょっと前に観たコマーシャルのせいかもしれないわけで。

「ああ、うん。日本は特にそうだよな。みんな、外の情報にものすごく影響を受けているのはなんとなく感じている。圧倒されるよ。でも、どうして日本でそう感じるのか、わかる気もするよ。おれが育ったところはもっともっと小さな街で、いろんな逃げ場があったからね。森とか山とか。だから、君もちょっと外に出ればいいんだよ。裏庭とかでもいいからさ。それとか、電車に乗って、どこか遠～くに行って、1日どこかの公園に座ってぼけーっと世の中を眺めるんだ。忙しい中、そんなことやるのは大変だってのはわかる。でも、そうすることで、自分が思い描いていた世界が、実際の世界と違うって気付いたりするかもしれない。おれたちはこれまで積み上げてきた経験をもとに現実を捉えがちだけど、それは実際、表面に塗り重ねられたものでしかないんだよ。だから、本当はどういう場所なのかを、何度も再確認する必要がある。あと、さっきのコマーシャルの話だけど、おれたちは企業やコマーシャルの影響力を評価しすぎだと思う。水が飲みたくなるのは喉がかわいてるからで……別にどのメーカーの水を飲みたくなったからって、自分が操られてるとは思わないな。逆に自分に主導権があるって思うね。おれは自分が飲みたいものを自分で選んで飲む。企業やコマーシャルの影響力を評価しすぎるのは考えものだと思う。影響力があるとか言って、しょせん喜ぶのは連中なんだから。このメーカーの水を飲むのも、あの映画を観にいくのも、この商品を買うのも、おれがそうしたいからだ。誰かに言われたからじゃない。人生は短いんだ。うーん、結局はここに戻ってしまうけど、金儲けをしてる企業の意図をいろいろと心配するには人生は短すぎるんだ。自分たちが利用されて踊らされてるのと同じくらいに、おれたちも企業を利用して踊らせればいいんだよ。連中を利用するんだ。おれはそうしてる。たとえば、おれは大企業のレコード会社に所属してるけど、自分のやりたいことをやるためにその会社を利用してるんだ。操られてるわけじゃない。どうしてそう断言できるんだって思うかもしれないけど、現におれが今こうやって自分は操られていないって言えるってことはそうなんだ。もしかすると、会社はおれのことを操ってると思ってるかもしれないけどさ……うーん、これも難しい質問だったな。ちゃんと答えになってるかどうかわからないけど、でもこうして考えるには本当にいい質問だよ」

本当に本当に好きなダーリンとひとつになりたい場合

恋愛の悩み

大好きなダーリンがいるフリーターの女性。これまでお付き合いしてきた人は結構いるのだが、彼らとはなんとなく付き合っていたという感じだったので、やっと本当に好きな人と出会えて、とても嬉しいんだそう。それでも悩みがあって、それはそんなダーリンともっともっとひとつになりたいということ。ダーリンは優しいし、不満があるわけでもないが、ふたりとも液体になって混ざってしまえばいいのに、と思うほど。その欲求は強い。セックスすればひとつになることは可能だけど、それよりもっとひとつになりたい彼女。なんか良い方法ってあるのだろうか？　（21歳、女）

「すごいなぁ……。まるで『The Lawnmower Man（邦題：バーチャル・ウォーズ、米92）』で、バーチャルな世界の中、ゼリー状になった主人公とその彼女が合体してひとつになるシーンみたいだな」

●誰も知らないよ、そんな映画。

「そう？　それにしても、すんげぇなぁ。だけど、なんとかすれば、それも実現できるんじゃないかなぁ。えーと、まずさ、わりと明るめの部屋にふたりで閉じこもって、何かのノイズ、たとえばテレビの砂嵐画面とか、とにかく他の音を掻き消すようなノイズを大音量で流してみて、その中、ふたりで向き合う形で椅子に座り、お互いの目をひたすら覗き込むんだよ。何時間も何時間も何時間もそうやってお互いのことを見詰め合う、と。物理的なリアクションじゃないかもしれないけど、いずれは強烈な反応があるはずだよ」

●そうなの？

「うん。たまにまばたきしてもいいけど、絶対に相手の目から視線を逸らしちゃいけない。喋っても駄目。お互いに触れ合っても駄目。それさえ守れば、いずれ何か特別なことが絶対に起きるはずだよ。君の考え方は本当に素晴らしいと思うけど、ひとつここで忘れて欲しくないのは、君が惹かれるのは彼らしさについてであって、あまりにも愛するがために彼を束縛したりすると、その彼らしさが失われるかもしれないからね。だけど、是非挑戦してくれよ。そしてふたりで仲良くゼリーになってくれたまえ」

他人に「ひねくれた性格そのもの」と表現される性格を直したい場合

性格の悩み

他人に「ひねくれた性格そのもの」と表現される性格ゆえに、しばしば周囲から煙たがられるようになっているという悩み。自分自身は特にその性格は嫌ではなかったが、日常生活にまで支障をきたし始めたために、いい加減に自分のひねくれた性格が嫌になりかけているそう。でも、果たしてひねくれた性格は悪いことなのでしょうか？ また、ひねくれた性格をびんびんに真っ直ぐにする方法とは一体？
（20歳、男）

「君はふたつの問題を抱えてるみたいだな。友達って自分がどういう人間かを客観的に教えてくれる存在だったりするんだよなあ。自分の行動や自分のいいところを見せてくれたり、直さなきゃいけないことを教えてくれたりさ。今の君は、周りにいた人たちに影響されてそうなったところがあるはずだろ？ そうやって周りの人たちを通じて自分のことを学び、成長していくもんなんだ。で、君の言う友達が本当の友達であるなら、というか、君の相談を聞いてる限り、本当の友達のような印象を受けるけど、その友達は正直に今の君という人間が100％好きとは言えないって伝えてくれてるんだと思う。だから、君も自分のことが少しずつ嫌になってきてるんじゃないかな。自分じゃその性格は嫌いじゃないって君は言ってたけど、もしかするとそういう君が成長する時期が来たのかもしれない。おれは君の言ってることがめちゃくちゃよくわかるよ。おれも若いころ……『自分はこれでいいし、友達がこういうおれを嫌だって言うんならそれでいいよ。っていうか、そんな友達なんかいらねえよ』って思ってた時期があって、それでその頃はひとりでいることが多かった。『自分が正直で素直な人間るべきだと思う。『おれはこれまでとは違う人間になるんだ』、『別に自分じゃなくなるわけじゃないけど、ひねくれた自分の代わりに真っ直ぐな自分になるんだ。ねじれた性格じゃなくて、正直な人間になろう』ってね。とりあえず軽い気持ちで試してみようよ。変わってみて、それで気分がよかったらそれでいいっていうくらいの心持でさ。今、君は変わりたいって感じてるんだとしたら、その気持ちを大切にすべきだ。他の誰のためでもなく、君が自分でそうしたほうがいいって感じたからこそ、自分を変えるべきなんだ。自分でも変わったらいいかもしれない、そう感じた今こそ、君は人間として意識的に成長するべきときなんだよ。そう思わないか？」

かなんかどうだっていい。人に嫌なやつだって思われても構わない』とか、いろんなことを思ってた。でも、心の奥底、底の底ではすごく気になってたんだ。でもそのときは頑固すぎたのと、若すぎたってのがあって、変わることができなかった。でも、人間も年を重ねると……たとえば君だってもう20歳だけど、おれもその年くらいに、もっといい人になりたいって思うようになったんだ。別に誰のためとかじゃなくてさ。確かに他の人のために何かをやったり、いい人になろうとすることはできるけど、でも結局、自分でちゃんと理解して、これこれこうなりたいって自分で思わないかぎり、誰も変われないんだ。でも、君は変わりたいと思ってるみたいだし、おれも君は変わ

言うことすべてが絶対の「亭主関白」な彼女と付き合っている場合

恋愛の悩み

「亭主関白」の彼女の尻に敷かれている21歳の学生からの悩み。彼女の言うことすべてが絶対で、恐らくなにも変わらないだろうけど、それでも自分の意思をガッツリと伝えるべきなのか。女は黙ってついて来いって感じではないのか、アンドリュー？

（21歳、男）

「あいにくおれは他人に黙れって言うタイプの人間じゃないんだよな。自分以外の人に命令を下すことは、なるべく避けている。特にそれが女の子との関係の場合はなおさらね。でさ、君の悩みを聞く限り、君はいいやつなんだと思うよ。おれと同じように人の上に立とうとしないタイプって感じのさ。マジな話、おれだって君の彼女みたいな仕切り屋と付き合ったことがあってさ、かなりキツイ思いをしたんだよね。ちなみにこれって昔付き合ってた彼女の話だからね、念のために。で、こういう場合、相手を尻に敷くことが彼女にとって当たり前になっちゃって、君も無意識のうちにそれに従うようになってるわけだ。だけど、おれが思うにはさ、彼女が亭主関白だからって、それに逆らって君が同じように振舞おうとするのはおかしいんだよ。だってさ、彼女の尻に敷かれてるのは苦痛だと思ってるんだろ？　だったら、逆の立場になったら今度は彼女のほうが嫌な思いをするってことじゃん。そうじゃなくて、どんな関係でも大事なのは、相手とちゃんと話し合って、意思の疎通をはかることなんだよ。ただ、ここで忘れちゃいけない大事なことは、攻撃的にならないこと。あくまでも穏やかな口調で伝えてやるんだよ。あまりに厳しく言ったら、彼女だって傷つくだろうし、逆にいじけちゃうかもしれないもんね。でも、君の正直な気持ちをバシっと伝えることは本当に大事だよ。悩みを聞く限りどうやら彼女に対する嫌悪感も芽生えてるようだからさ。それをそのまま溜めるのは危険だってのはわかるよな？　あと、何で彼女が君に対してそういう態度をとるのかを知る必要もあるし。とにかく彼女の態度を理解してあげて、ふたりで努力して解決することがベストなはずだよ」

●なるほど。ちなみに彼が住んでいる九州には「九州男児」という言葉があるくらいで、日本特有の男尊女卑的な概念が特に強く残ってる地域なんだよね。

「なるほどね。でもさ、九州に限らず、日本って全般的にそういう概念がいまだに蔓延しているみたいだよね。だけど、そうやって社会や他人に押し付けられた概念は必ずしも正しいわけじゃなくて。自分が納得できる道を歩むのが一番正しいんだと思う。そもそも『強い男』っていうのは妻や彼女を支配する男のことじゃない。相手の気持ちを理解できて、それを受け入れて、許せる男こそが本当に強いんだ。うまくやってくためには妥協が必要なときもある。だけど相手を冷たく、厳しくあしらうのが強いわけじゃない……そう簡単にできることじゃないけどさ」

アルバイト先の学習塾の女子生徒にいまいち受け入れられない場合

仕事／学校の悩み

アルバイト先の学習塾で小学生に英語を教えている学生から、クラスの女子にいまいち受け入れられてないという悩み。男子にはギャグのウケも良いのだが、逆に男子にウケればウケるほど、女子が冷たくなっていくそうです。彼女たちのハートを掴むためには、アンドリューだったらどうやってパーティー・ハードする？

（21歳、女）

「君の悩みを訊く限り、君は問題の発端をちゃんと理解してるっぽいね。恐らく彼女たちの感情にはねたみや嫉妬が絡んでると考えられるんじゃない？　女子が君の存在に脅かされてるとまで言ってもいいかも。というのもその年頃って誰にとっても複雑な時期で、特に女の子の場合は男の子より成熟するのが早いわけだよね。で、それまでなかった気持ちとかも芽生えるわけだし、肉体的にも色々と変化があって、たとえばさ……って、これ以上、説明しなくてもわかるよね？　とにかく彼女たちが自分より強い女性に対して一種の警戒心を抱いててもおかしくないわけなんだ。確かに君はまだ若いけど、それでも彼女たちにとってはりっぱな〝大人〟なんだよ。で、やっぱりこれを解決するには彼女たちだけとの時間を作らなきゃいけないと思う。彼女たちの味方だってことを示すんだよ。ただ、彼女たちより自分のほうが大人だってことは忘れちゃいけない。彼女たちに気分を害されたからって、それに対して大人気ない態度を取るのが一番危険なんだから。彼女たちの年頃を考えてみれば、初めて男の子を異性として意識し始める頃だし、もしかしたら、クラスの男の子に対して恋心を抱いてる子もいるかもしれないわけだよな。だから、君が男子と仲良くしてて、英語が上手かったりするのが気に食わないってことも考えられるわけだろ？　理由なんていくらでもあると思う。君が子供と接する仕事をしてること は素晴らしいことだし、この問題を解決することによって、人間のこと、そして自分のことをよりよく理解できるようになると思うよ」

●パーティー・ハードは？

「そうだった。うん、パーティーはいいことだ。たとえばさ、女の子たちだけで小さなパーティーをやってみたら？　女の子たちを連れてアイスクリームでも買いに行って、みんなで仲良く団欒する感じで。彼女たちも男の子のいない場所で君と時間を過ごせたら、変なプレッシャーもなく素直に接してくれると思うよ。そうパーティーだよ、パーティー」

椎間板ヘルニアのために、子供の頃からの夢だった船乗りを断念することに追いやられた場合

人生の悩み

子供の頃から船乗りになるのが夢で、船乗りになるための学校に入ったけど、卒業まであと1年というところで、遠洋航海実習中に椎間板ヘルニアになってしまった男性からの悩み。結局、痛みで体を動かすことができなくなり学校を休学し、手術に挑んだのだが、手術後の経過はあまり思わしくない。船乗りの主たる仕事は肉体労働。でも痛みを堪えてでも自分の夢へと向かいたい!! 周りからは体にかかる負担が大きいので危険であると反対されているが、こんなことで夢は断念したくない、と強く思っているらしい。そんな彼はどうしたらいいのか、兄貴？

（22歳、男）

「君の夢は、君の夢」

●え？

「夢を実現することだけがすべてじゃないんだ。夢に向かって頑張って、そこから生まれるパッションこそが人生の醍醐味なんだから。夢があるからこそ人生に方向と目的があるわけ。おれだって今まで無茶な目標を色々と設定してきたわけだけど、それに向けてがむしゃらになることに生き甲斐を感じてるわけでさ。君の船乗りになる夢っていうのも、もはや君の一部なんだよ。人が何を言おうと、それは変わることないんだよ。だから、諦めるな！」

●は、はい。

「逆にそうやって実現不可能と思えるからこそ、夢なわけなんだから。そしてそれに向かって頑張れるからこそ、ロマンがあり、パッションが生まれるわけで、簡単に叶う夢なんか夢とは呼べないよ。だから、ネヴァー・ギヴ・アップ、そして頑張ってくれたまえ。その夢が実現不可能かどうかは死ぬまでわからないんだから。だから死ぬまで諦めることはない」

●だけど、彼の場合、そうやって夢を追うと、怪我が悪化する恐れもあると思うんだけど。

「でも、自分の限界はわかるはずだろ？ 怪我をそれ以上悪化させても、夢は叶わないんだってことぐらいはわかるだろ？ だから、そこは頭を使おうよ。恐らく船乗りって言っても色んな仕事があるわけだよな。たとえば、船のナビゲーションをしたりさ、肉体的な負担のかからない仕事もあるわけだろ？ おれが言いたいのは、何が何でも、とにかく船に乗れ！ 絶対に船に乗ってくれ！お大事にな」

親からも批判されるほど誰にも理解してもらえないヴェジタリアンの場合

人生の悩み

ヴェジタリアンがほとんどいない日本で、他人から理解してもらえないことがしばしばあるという徹底したヴェジタリアンからの悩み。親からも批判される彼女は、いったいどうすれば理解してもらえるのだろうか？（26歳、女）

「その悩みには100％理解できるな。実は若い頃、付き合ってた子がいて、ていうか実は今までその子としか付合ったことないんだけど……とにかく彼女はヴェジタリアンだったんだ。それまで菜食主義について考えたこともなかったんだけど、彼女に色々と教えてもらって、おれもヴェジタリアンになったんだ。しかも、乳製品でさえも絶対に口にしない厳格なヴェジタリアンにね。植物しか食ってなかった。で、おれの親もかなり気にしてたよ。表面では協力的なんだけど、おれの決意に自分たちの育て方を侮辱されたと思ったらしいんだ。あと、健康のこともかなり心配してたらしい。だから親のそういう気持ちをちゃんと理解してあげた上で、何で自分がそういう道を歩むのかをしっかりと話し合うべきだよ。絶対にやっちゃいけないのは『なんで肉なんか食べてるの』って、反抗的になること。誰だってそんなことは言われたくないし、それは親の勝手なんだから、そういう態度は控えよう」

●アンドリューって、今もヴェジタリアンなんだっけ？

「いや。おれはかなりだらしないヴェジタリアンで栄養失調になっちゃって、ガリガリに痩せてしまったんだ」

●ダメじゃん(笑)。

「だから、徐々に肉を食べるようになったんだ。だけど、4、5年間ぐらいは厳格なヴェジタリアンだったよ」

タバコをやめようと思っていて、その代わりになるものを探している場合

趣味／嗜好の悩み

タバコをやめたいが、それが日課になってしまっているというか、手持ちぶさたになるのがイヤだから吸ってしまう女性からの悩み。タバコを吸いながらぼけっと考えるのが好きということだが、タバコに代わるものってあるのか？ （23歳、女）

「なるほどね。おれはタバコを普通に吸ってたことがないから、ちょっと答えにくいなあ。でもさ、タバコに代わるもんなんか世の中には腐るほどあるから、まずはタバコを吸わないこと、だね。その時間をもっと建設的に使おうよ。うちのバンドにペインっていうやつがいて。実はすぐ隣りに座ってるんだけど――」

ペイン「タバコを片手にね」

「(笑)そうそう、今タバコ吸ってて。でも、実はペインって前はもっと酷い薬物の中毒だったんだ。で、この男のすごいところって、気を紛らすためにまったく違うことに熱中して、中毒を絶ったってことなんだ。たとえば、便所掃除をしたりさ」

●便所掃除ですか……。

「そう。便所掃除は効果的だよ。だってさ、第一に便所掃除する必要はいつだってあるわけで、第二に誰も便所掃除なんか手伝ってくれないんで、結局やるのは自分だから。そして、第三に便所掃除をしたら中毒の対象からちょっとは気を遠ざけることができるだろ？　それぐらいシンプルな雑用でいいんだって。おれだって昔は憂鬱になって、落ち込むことが多かったんだけど、そういう状態から抜け出すために、滞納してた請求書を支払いに行ったり、ずっと連絡してなかった友達に電話してみたりした。やんなきゃいけないことって山ほどあるんだから、そういうものをひとつひとつ片付けて、気分転換をはかればいいっていう。ちょっとでもいいから、他のことに熱中

すれば、気分もだいぶ楽になるんだよ。体操なんかもすごくいい。タバコ吸いたいなあ、と思ったら腹筋100回に挑戦してみたりさ。そうやってタバコを吸いたいっていう気持ちをポジティヴな方向へ持っていくんだよ。別にタバコを吸うのは悪いことじゃない。だけど、タバコを吸う自分に嫌気が差すなら、ここで一発バシっと気合いを入れて腹を括るべきだよ。そうだろ、ペイン?」

ペイン「ばっちし」

「みんなはどう思うかい?」

みんな「(大勢が声を揃えて)おう!」

「ということで、次の質問!」
●え、え、何事??
「いや、ライヴを観に来てくれたキッズと楽屋で団欒してたんだ」

●なるほどね。アンドリューは何かの中毒になったことあるの?
「えーと、ポルノ中毒になったことはあるよ」
●は?
「うん、ポルノを観なきゃやってられないって感じでさ。しかも、そんな自分が嫌で嫌でしょうがなかった。だけど、止められなかったんだよな……。でも、今は違う。その欲求をレコーディングや作曲に向けてるんだ。それか、ポルノを観たくなると、友達に電話したり、裏庭にいる小鳥を眺めたり、飯を食いに出かけたり、とにかくポルノ以外のことに集中するように努力してるんだ。結局、自分のことをコントロールできるのは自分だけだからさ」

痔になってしまった彼女を励ましたい場合

恋愛の悩み

最近、自分の彼女が痔になってしまった29歳の男性。そんな彼女を励ましたいんだけど、さて、どうするアンドリュー？
（29歳、男）

「（笑）実はさ、うちのスタッフにも痔になったやつがいて、だからおかしくてさ。実はおれ自身、酷い痔って経験したことがないんで、それがどんなに辛いかわからないんだけど。まあ、でも彼女を慰める方法はいくらでもある。とにかく彼女のことを愛してるって伝えることが何より大切。そしていつかは治るんだから頑張れ、と励ましてあげるんだよ。早く完治するようにクリームやらローションやら薬やらを買ってあげるのも手。あと、『便所を使う時はきれいに拭くんだよ』って優しく言ってあげよう」

●絶対に怒られるって。

「へへへ、そりゃあそうだよな。いや、おれが言いたかったのは、もし彼女が君のことを頼りにしてきたら、そうやって助けてみればいいってことだよ。おれだって痔になったら恐らく母親に助けを求めるだろうけど、そんな時はちゃんと薬をくれることを期待してるわけだから。君も彼女の治療に何かしらの形で貢献できるってことを言いたかったんだよ。だけど、もちろんこれはとてもデリケートな病状だから、彼女の気持ちを害さないように、そこら辺は敏感になって気を使うように。頑張れよ」

人から「幸せそ～な顔！」と言われたい場合

身体の悩み

最近ある人に不幸顔と言われて悩んでいるというか、楽しんでいる(?)という28歳の女性。イエーイ、パーティー、カモーン!!　と明るい彼女だが、人から「幸せそ～な顔！」と言われるためにはどうすればいいのか？

(28歳、女)

「(笑)って言われてもさあ。うーんとねぇ、まあ、自分が幸せだってことを自覚してるわけだから問題ないと思うけどね。他の連中は君の顔を見て、『なんで彼女はそんなに不幸そうなんだろう？　雨が降ってるからかな？』とか勝手に思うだろうけど、君にできることは、愛想良く振る舞うことぐらいなんだからさ。おれだってどんなに頑張っても、髪型が変だ、服がダサイ、って言われるわけで、君だってどんなに頑張っても『不幸顔』だって言われ続けるかもしれない。だけど、そんなのはあくまで他人の意見でしかないわけで、それよりか大切なのは君自身が幸せだってこと、だね。で、自分が幸せなら他人が何を言おうと気にならないはずだし、そうやっていつも明るく振る舞ってたら、みんなも君が不幸じゃないことに気付いてくれるはずさ。顔は変わらないかもしれないけど、いつもスマイルしてても損はしないんだから、ニコニコ生きようよ」

三度の飯より かさぶたを剥くことが好きな場合

趣味／嗜好の悩み

かさぶたを剥くのが三度の飯より好きだという女性からの悩み。あの血の塊を見るだけで背筋がゾワァっとなって、他人のかさぶたにまで手を出してしまうほど。さすがに他人のかさぶたを剥くのは抵抗あるらしいが、自分にしょっちゅうかさぶたができるわけでもないんで、やっぱり他人のかさぶたも剥きたくなるほど、かさぶたを剥くのが好き。かさぶたを剥くと跡が残るし、痛いんだが、その痛さも快感と思えるほど、かさぶたを剥くのが愛しいとのこと。そんなに好きなだけに、なかなか止められないらしいけど、なんか代わりになるものはあるのか、アンドリュー？　（16歳、女）

「わっははは。すげぇなあ、それ。しかも、随分とかわいらしい悩みだよな」

●かわいいか？

「いや、実はおれも額に昔から傷があるんだけど、ちょっと爪で突ついたら、いつでもすぐに血を出せるようになっちゃってさ。つい、この間も血を流して遊んでたから、今はかさぶたができちゃってるんだよ。でさ、ふと気付くといつもそのかさぶたをいじってるんだよね。なんか、爪の間に詰まってるかさぶたの感覚とか、そのちょっとした痛みが妙に気持ち良くてさ。君の悩みにはすごく共感できるよ。で、おれが思うに、別にかさぶたを剥くのは悪いことじゃない。確かに化膿しちゃう恐れがあるから気を付けないといけないし、傷跡も残るかもしれない。だけど、そんなの目立たない場所に傷をつければ済む話なんだから、だから好きなだけ傷をつければいいじゃん。嫌じゃないなら止める理由はないよ」

●マジで？

「マジだよ。自分のことを痛め付け

ることが好きな人が世の中にいるってことはわかる。だけど、君の悩みを聞く限り、それが危険な領域に達してるとは思えないんだよね。逆に無理して止めるほうがストレスが溜まってしまうんじゃない？　かさぶたを剥いた時の痛みが快感だ、って言ってたよね。痛みと快楽って似てて、どちらもすごく刺激的でさ。だから痛みから快楽を見出すとマジで興奮しちゃうんだよな」

●……。

「で、質問はなんだっけ？」

●かさぶたの代わりになるものは？

「そうだ。洗濯バサミで自分をつまむっていうのはどう？　傷跡もできないし、わりと安全だろうし、それなりに痛いだろうし……だけど、何をやるにも、理性を無くさず、後悔することないように程々にな」

●そう言えばその額の傷って自分でつけたんだっけ？

「そうだよ。縫い針を使ってね。実はタトゥーにしようと思って、その後、傷口をインクで染めてみたんだけど、上手くいかなくてね」

●何のタトゥーを入れようとしたの？

「ただの線」

●なんで？

「いや、やっぱり興奮するから。痛みを克復するために全神経を尖らす必要があったから、強烈な体験だったよ。それほど痛いわけじゃないけど、何しろ痛みを与えてるのは自分で、痛いのを堪えながら、痛みの度合をコントロールするっていうのには相当な集中力が必要でさ。だけど、あの体験のおかげで自分にとって何が本当に大切かっていうのがすごくはっきりしたような気がする。なんでだろう……」

大学でやっているラクロスがだんだん辛くなったのでスッパリとやめたい場合

仕事／学校の悩み

スポーツのことで最近憂鬱な毎日を送っている大学生から。大学でラクロスをやっているのだが、イマイチ他のチームメイトのように熱くなれないのが悩み。以前は純粋にプレイするのが楽しかったし、チームメイトが大好きだったから休みがなくても、どんなにお金がかかっても、ケガをしても、気にならなかったという。しかしレギュラーになって責任が重くなってからは、家にいる時もプレイのことを考えないと勝てないほどになってしまったそう。正直そこまで時間を割く価値があるとは思えなくなり、最近では練習中に上の空になったり、苦痛さえ感じるようになってしまった。でもこれまで努力したすべてが無駄になることや、途中で投げ出したら自分の自信をだめにしそうで怖くて辞められないのだとか。モチヴェーションを高めて続けていくか、心残りなくラクロスとバイバイするか、悶々としすぎていて自分では答えを出せない彼女。どうすればいいのか、何か良いヒントはない？

（20歳、女）

「最近、おれの弟もそれと似たような悩みを抱えてたんだよな。19になったばかりなんだけど、ここ数年間、ゴルフに人生を支配されちゃってね、PGAのプロになることしか夢見てないっていう。もちろん大学もゴルフで有名なトコを選んで、それまで地元を離れたことがないっていうのに、ひとり暮らしを始めてさ。だけど、生活環境が一新したら、世の中にはゴルフ以外にも楽しめることがいくらでもあるってことに気付いたらしくてね。それまではゴルフばっかりの人生だったから、かなりそっけないもんでさ、だから、環境が変わっただけで、今まで見えてなかったものも目に入るようになったんだよ。君もそういう瀬戸際に立ってるんじゃない？　ラクロス以外の楽しみがあることを発見するのは、刺激的であると同時に恐怖でもあるっていうのはわかる。今まで積み重ねてきたものが水の泡になる感じで。だけど、気が変わるのは人間として当たり前なわけだし、この世界が何で素晴らしいかっていうと、できることが限りなくあるからなんだよ。別にラクロスを続けることも素晴らしいけど、不満を感じるなら、他のことに挑戦するのも重要。嫌なら、いつだってラクロスに戻れるって。君がこれまでラクロスに費やした時間を誇りに思うべきだよ。そして、それを超えるパッションを持って、他にも挑戦してみたら？　そうしたら、後々、すごく充実した人生だと思えるはずだよ。頑張ってな！」

死んだような目をして無気力になった子供たちにやる気を起こさせたい場合

仕事／学校の悩み

私立学校の教員をしている人からの相談。近頃の子供は未来への希望がないのか、死んだように暗い目をして無気力なのだとか。そんな子供たちにやる気を出させようと毎日奮闘中。彼らを奮い立たせるためにガツンと言える一言が欲しい！ 兄貴、何か良い一言を考えて！ ちなみに英語教師だから、英語でカッコ良く言える言葉をお願いします、とのこと。（39歳、男）

「39歳の方からかぁ……恐縮しちゃうなあ。おれみたいなガキが本当にアドバイスなんかしちゃっていいんですか?本来ならおれがあなたに相談しなくちゃいけないのに。で、思うんですけど、そういう態度って最近の若者に限ったことなんでしょうか？ おれだって高校生の時、無気力ってわけじゃなかったけど、やっぱり世の中に対してかなりの不安を感じてたし、だから性格も暗かったです。まだ、人生経験も浅かったから、そうやって積もる鬱憤にどう対処したらいいのか、よくわからなかったっていうか。だから、若いうちはみんな、そう感じるのはある程度、普通だとは思いませんか？って自分より、ぜんぜん人生経験のある人に対して、偉そうですよね？ だけど、そうだな、黄金律って日本にはありますか？」

●黄金律？

「ええ、アメリカには黄金律っていうのがありまして、それを授業で使ってみるっていうのもいいかもしれないと思って。『Do unto others as you would have them do unto you（すべての人にせられんと思うことは人にもまたそのごとくせよ）』ってアメリカでは言うんですけど。すごくシンプルなコンセプトで、だからこそ若者にとっては非常に退屈な恐れもあります。なので、ただ、決まり文句を生徒に押し付けるだけじゃなく、何でこれが大切なのかを、一緒になって考えて、みんなに理解してもらう必要があるんです。自分にとって何が幸せか。他の人に何をしてもらったら自分は嬉しいか。自分はそれと同じ幸せを人に与えられるか。なんでそんなことを考えなくちゃいけないかっていうと、やっぱり人生は儚いからです。なので、無気力になったり、冷淡になったり、自己憐憫に浸ったりしても、惨めになるだけ。貴重な時間なので、それをできる限り建設的に使うべき。最近は情報が氾濫していて、しかも全部が全部、ポジティヴじゃないんですよね。だから、実際には人生経験が浅いっていうのに、世の中のことは何でも知ってるっていう錯覚に陥っちゃう若者がいるのもわかります。だけど、それはあくまでも錯覚なので、これから生徒さん達も自分の肌で世の中を感じる必要がある。だから、あなたも若者が置かれてる立場をしっかりと理解して、自分の知恵と経験を活かして、しっかりと指導することが大切です。頑張ってください」

自分に好意を抱く人にどう頑張ってもあきらめてもらえない場合

恋愛の悩み

3年ほど前からひとりの男の子に好意を抱かれているという悩み相談。何度か告白されるも、まったくその気がないので毎回断ってはいたのだが、どうしてもあきらめてくれないのだそう。その男の子はとてもいい子なので、決して彼を嫌いなわけではなく、普段は結構仲良く話をしたりしているというふたり。だがそれがいけないのではと思い、あきらめてもらえるようにと冷たい言葉や悪態をつくようにしてみたものの、効果がないのだそう。他にも女の子はたくさんいるのに……一体どうしたら彼にあきらめてもらえるの？

（18歳、女）

「まあ、悩みから察するに君はすごく気の利く優しい人みたいだから、彼のことを傷つけたくないっていうのがよくわかるよ。おれもそれと似た体験をしたことがあって、ある女の子にすごく好かれちゃったんだけど、こっちは付き合う気持ちはまったくなくて。だけど、その子との友情も大切にしたかったんで、仲良くしてたんだけど、それが逆に彼女を期待させちゃってるみたいにも思えてさ。それがジレンマでかなり悩んだんだけど、やっぱり正直に自分の気持ちを伝えることこそが本当の『思いやり』なんだよな。だから、君も正直に素直な気持ちを打ち明けたほうがいいと思うし、もしかしたら、彼と完全に決別する必要もあるかもしれない。それは君にとっても辛いことかもしれないけど、それが彼に対する精一杯の思いやりなんだと思うよ」

●じゃあ、やっぱり冷たくあしらったほうがいいの？

「いや、そんなことしたってお互い嫌な気持ちになるだけだから。だけど、冷たくならなくても、厳しくなることはできるだろ？　彼に、『好意を持ってくれるのはありがたいんだけど、あなたの態度は私にとって不快なの』ってはっきりと伝える必要はあると思う。それで関係がこじれる可能性もあるけど、彼も本当に君のことを大切に思ってるなら、理解してくれるはずだよ。あと、これもちょっと念頭に置いといて欲しいんだけど、どんなキッカケで結ばれようが、一度実った友情っていうのは一生大切にした方がいいと思うんだ。だから、もし彼との友情がここでこじれても、いつか仲直りできたら素晴らしいことだよな。もし、お互い相手に対して思いやりがあるなら、いつか自然に友達として付き合えるようになると思うよ」

同じ大学に通う同棲中の彼氏が全然デートに連れて行ってくれない場合

恋愛の悩み

同じ大学の先輩と付き合っていて、なんとなく同棲もしている大学生の女の子。家に彼の荷物が日に日に増えていって、気付くと一緒に暮らしていたらしい。それはいいのだが、彼がまったく外へ出たがらないのが悩みだとか。1日のほとんどをベッドの上で過ごし、起きている時もテレビを観るかゲームをするかのどちらかという性格の彼は、休みの日にどこかへ行こうと誘っても「お金がないからいやだ」と言うだけだとか。もちろん大学生だからお金がないのはわかるのだが、たまにはどっかに連れて行ってもらいたい彼女。ちゃんとしたデートはまだ一回しかしたことがないらしい。彼にビシッっと一言言って欲しい！という彼女のお願いにアンドリューは……？（19歳、女）

「それにしてもいつの間にか君の家に彼が住み付いてたのってマジで強烈だなぁ（笑）。おれも家でゴロゴロして、映画かなんかを観て、ひとりで時間を過ごすのが結構好きだから、彼の気持ちもすごくわかる。しかも、お金がないっていうのはどうやら事実のようだけど、それってどう考えたって言い訳に過ぎないよなぁ。だってさ、別に君だって金を使ってもらうことを望んじゃいないだろ？　とにかく一緒に外に出たいだけだろ？　おれもインドア派だから家にこもることが多いんだけど、一旦外に出ると絶対にハイになるんだ。とはいえ、楽しいのは知っててもキッカケがないとなかなか腰が上がらないんだよね。だから、君も彼にキッカケを与えてやんなきゃいけないんだ。積極的に自分から魅力的なデートを企画して、彼を力ずくでも家から引っ張り出さなきゃ。それだけ努力しても、なおも彼が外出することを拒むなら、もう放っておけよ、そんなやつ。ひとりで楽しんできな。それを繰り返してるうち、彼も気になって一緒に出掛けたくなるだろうからさ、君のことを本気で思ってくれてるなら」
●なんか金の掛からないデートのアドバイスある？
「まずは公園だな。のんびりできるし、散歩できるし、散歩してる他の人を観察できるし、鳥にエサをやれるし、リスにもエサをやれるし、超楽しいじゃん、公園って。そして、スーパーマーケット。あそこも間違いなく盛り上がるはず。たとえばさ、晩飯を一緒に作る計画を立てて一緒に材料の買い物に出掛けたらいいじゃないか。それだと、ちゃんとしたデートとして成り立つし、外食に金をかけることもないわけだろ？　あと外せないのが、街角。ニューヨークにいる時はよく街角にボケっと突っ立って街行く人を何時間も観察していたりした」
●本当に楽しいの、それ？
「うん。結局は自分の気持ち次第。つまらない人は何をやってもつまらないんだから。それを肝に銘じよ」

抜け毛が激しくて、元オアシスのボーンヘッドばりに若くしてハゲそうな気がする場合

身体の悩み

16歳の高校2年生からの悩みは、この数ヶ月、髪の毛が抜け続けていること。以前と比べると明らかにおでこが広くなってきたそう。このままでは20歳になる前に、元オアシスのボーンヘッドのようにハゲてしまう気がする。今はこのことばかり考えて他のことが手につかない状態。一体どうしたらいいの？

（16歳、男）

「へへへ、男性の永遠の悩みだよな。だけど、ハゲだからって死にはしない。自分が思ってるほど大した問題じゃないんだよ。友達で若ハゲのやつがいてさ、実際よりすごく年上に見えるんだよね。結構それで悩んでたんだけど、同時にそれを利用して未成年なんだけど堂々と酒を買ったりして（笑）。年上に見られるってことは威厳があるように見られるってことだから、考えようによってはカッコイイことじゃん。育毛剤っていう手もあるし、そんなチッポケなことで落ち込むなよ」

●カツラはどう？

「どうなんだろう？　なんかカツラって豊胸手術みたいで、問題の本質を無視した手軽な解決策のようにも思えて。なんか嘘臭くてさ。とはいえ、カツラってのも面白いかも。色んなタイプを買ってみたりして。とにかく、ハゲてることは別に悪いことじゃないんだから、ハゲの自分を好きになること。頑張れよ」

タバコを吸う女性に欲情してしまう場合

趣味／嗜好の悩み

タバコを吸う女性の姿にとにかく欲情してしまう男性。小学生の頃から異性の持ち物に欲情してしまうという性癖の持ち主らしいのだが、この欲情はどうやらフェティシズムとは違うらしい。やはり自分は変態なのかと悩んでいるのだが、兄貴、どう思う？

（32歳、男）

「ははは。いや、おれは別に変態だとは思わないけど。まあ、おれはタバコを吸う女性にはあまり惹かれないけど、君がそういう女性に魅力を感じるのはわかる気がするよ。なにしろ、細長い棒を女性がくわえてるわけだからさ」

●……まあねぇ（苦笑）。

「しかも、更にそれを握りながら吸ってるんだもんな。そりゃあ、欲情してもおかしくないって。だから、うん、すんごくよくわかるよ。すごく筋の通った理屈が裏付けにあるんだから、君の心理は至って正常。あくまでも女性とタバコっていう組み合わせに刺激されてるわけで、床に転がってるタバコを見て欲情してるわけじゃないんだからな。しかも、別に悩むほどその心理状態に追い詰められてる気もしないし、だったらもう好きなだけタバコを吸ってる女性に欲情しちゃおうよ。自分が何が好きなのかわからない人が大勢いる中、何が好きなのかがそこまでハッキリしてる君はラッキーなんだからさ」

とても楽な部署で働いてお給料がもらえるので、生きているのか死んでいるのかわからなくなる場合

仕事／学校の悩み

この不景気な世の中にもかかわらず、とても楽な部署で働いている女性の相談。あまりに楽なため、上の人たちものんびりしており、やる気がない様子。「頑張るのが損」な雰囲気ができてしまっていて、自分もいかに楽しようかと考えてばかり。楽してお給料がもらえるので、仕事を辞めるに辞められない。でもこれって何だか生きているのか死んでいるのかがわからない状態……お金のために、いたくもない職場に居続けるのってどうなの？　アンドリューだったらどうする？　（28歳、女）

「そう言えば、就職した会社で半年間なんにもしなかった友達がいたな。ていうか、初日に『今日から君の席はここだよ』って指示されて以来、何ひとつと頼まれなかったらしいんだよ。だから、毎日出社しては一日中デスクで寝てたっていう（笑）。だけど、そうだな、昔だったら仕事は楽で暇なほうがいい、って思ってただろうけど、今はどんな仕事でもやり甲斐があるほうがいい、って思っちゃうんだよね。そのほうがプライドを持って仕事できるわけだし。だから、もしそういう状態がだるくて、仕事に嫌気が差すんだったら上司にその旨を訴えてみたらいいんじゃない？　って、自分の首を締めることになったりして（笑）。う～ん、だったら、その暇な時間を使って何か建設的なことをする、というのはどうかな？　小説を書くとかさ。何かひとつ自分にとってチャレンジになるようなことで、オフィスでも実践できる目標を設定して、それに向けて頑張るのがいいんじゃない？　自由な時間もあるし、なおかつ金も貰える君はすごく恵まれた立場にいるんだから、それを最大限に利用するべきだよ。とにかく何か建設的なことをするべき。会社のためになるようなことができないなら、せめて自分のためになるようなことをやろう。人間は何かにチャレンジすることが絶対に必要なんだから」

隣人の騒音がものすごい場合

生活の悩み

アパートの隣人の騒音に悩む男性。相手は夜中でもすごい音で音楽をかけているのだが、直接苦情を言ってもいいものか迷っているそう。こんな時どうしたらいい？
（33歳、男）

「おれも昔住んでたアパートの壁が薄かったんで、隣に住んでるおじさんによく『うるさい』って怒鳴られてたんだよな」

●パーティー・ハードしすぎ？

「(笑)いや、まったく逆で、こっちは気を使ってキーボードを弾く時もヘッドフォンを使ってたのに、『指が鍵盤に当たる音がうるさい』って文句が来てさ。あまりにもしょっちゅう怒られるから、こっちもビビるどころか、ムキになっちゃって。だけど、そのうちそのおじさんも一日中仕事してて、家にいる時ぐらいは静かに休みたいんだっていう事情がわかるようになったんだ。だから、もしかしたら君の隣人も理解のある人で、きちんとその騒音が迷惑だってことを説明したら解決できるかも。または、スケジュールみたいなのを決めて、この時間ならいくら音楽聴いても構わない、みたいなのをこっちから提示してみたりさ。逆に、隣がうるさいんだったらこっちも遠慮する必要ない、っていうふうに受けとめることもできるよな。自分も好きな時に好きなだけ音楽を聴くっていうゴーサインっていうか。ただ、隣人の空間も尊重するように。それを念頭に対処してくれ」

●マジな話、ぼくも前に部屋で『アイ・ゲット・ウェット』をBGMに、ひとりでパーティー・ハードしてる時に隣人から苦情がきたことあるんだよね。

「(笑)で、どうしたの？」

●とりあえず音を下げてみたけど。

「ヘッドフォンで聴いてみな。必ず新しい発見があるから。必ずな」

海外旅行を計画中の場合

趣味／嗜好の悩み

友達と海外旅行を計画している女性。日本人に会わないような場所に行きたいらしいのだが、パーティ兄貴のお勧めの国ってある？　（20歳、女）

「ま、どこ行っても日本人はいるから、ちょっと難しいかも。でも、そうだな、今まで行った国で、本当にぶっ飛ばされたのは、えーと、日本かな」

●って、言われても(笑)。

「だって、本当に今まで行った国とはまったく違ったから。でも、だからこそ、日本に住んでる君は、どこ行っても新鮮に思えるはずだよ」

●なるほどね。

「でも、特にお勧めするのは、メキシコ、かな？　あそこには圧倒されたね。とは言っても、アフリカに行くよりかは日本に似てるかもしれない。だけど、アフリカには行ったことないからなあ。あと、スウェーデンとか北欧の国も面白くて。外国なんだけど、やっぱり文化は西洋的なんで、それほど外国じゃないっていうか。あと、意外とアメリカとか、面白かったりして」

●確かに。場所によっては日本人なんかひとりもいなさそうだし。

「そうそう、南部とかさ。あと、カナダとか。他にもブラジルの熱帯雨林とかも凄いと思うし」

●行ったことあるの？

「(キッパリ)ない。いつか行きたいけど。でもさ、今、思ったんだけど、一番すごいのは南極だろうな。文化とかはまったくないけど、強烈な体験になるのは間違いないよ。誰とも出会わないだろうし、ろくに飯を食えるとこもないだろうし、写真を撮れる記念碑どころか、何もないだろうけど」

●行ったことあるの？

「(キッパリ)ない。けど、いつか絶対に行くよ。あ、アイスランドとか、グリーンランドも楽しいはず」

●行ったことあるの？

「(キッパリ)ない。だけど、最高なはず。だから、もし行ったら、みっちりと体験談を聞かせてくれよ」

性格の悩み

泣くことが弱いと思う場合

泣くことは弱いことですか？
（22歳、男）

「えっ、それだけ？」
●うん。
「じゃあ、答えはNO！　以上」
●はい。

この1年で、管理職になって仕事が大変になり、12年付き合った彼女にふられ、腰痛に悩むようになった場合

人生の悩み

洋楽誌『ロッキング・オン』を愛読して25年、現在40歳の男性。ここ1年で色々なことが起こったそう。職場ではなぜか管理職になり、残業代カット、休みは月1～2日ぐらいになり、夜も遅くまで働いている。また12年付き合った彼女には突然ふられてしまい、今も理由がわからないまま。さらに、中年になり、腰痛に悩まされるようになったという。この先どう気持ちを切り替えていったらいいのかわからなくなりそうな男性への、アンドリューのアドバイスは？

（40歳、男）

「すごいな、前もあったけど、また40歳の方から？　恐れ入ります。で、悩みですが、人生はいいこともあれば、悪いこともあるんです。それをどう受けとめるかはあなた次第なんです。たとえば、腰痛は辛いとは思いますが、年齢的にあなたの半分にも満たない子が癌になることを考えれば、40歳まで健康でいられたのは幸運だと思えるのではないでしょうか？　仕事の話はなおさらで、確かに残業手当がつかないのは不満かと思います。だけど、それって昇格したんだから素直に喜んでいいと思うんですけど。もし、不満を感じるなら、その立場を利用して、納得のできる地位に就けるように努力するってのはどうでしょうか？　少なくとも平社員よりかは可能性あると思いますよ。そして、恐らくあなたが最も悩んでる失恋問題なんですが。確かに12年間も共に過ごした人間が突然自分の人生から消えてしまうのは簡単に納得できることじゃありません。なので、ちょっと時間をおいて、直接彼女に別れた理由を訊いてみるっていうのはどうでしょうか？『よりを戻したい』とか言って、彼女に余計なプレッシャーを与えちゃまずいですが、自分としては、嫌なしこりを残したくないから正直に別れた理由を教えて欲しい、と訊けば相手も応えてくれるのでは？　人生が自分に与えた境遇に必ずしも納得できるとは思わないですが、それを変えることができるのはあなたしかいないのです。頑張ってください」

ライヴに行くと肩こりがひどくなる場合

身体の悩み

肩こりの悩み。週2回も整体に通っていても肩こりが良くならないという女性。特にライヴの翌日はこりがひどくなって、そういう時だと左腕が上がらなくなるらしい。楽しいライヴであるほど、体を動かすし、ジャンプもするし、腕を上げて「ウォー！」とかするので特に辛く、彼女にとってライヴの良さと肩こりの悪化は比例するものだそう。そんなことから、女も25過ぎたらロックから足を洗ったほうがいいかと悩んでいるそうなのだが、アンドリューの考えは!?

（25歳、女）

「まず、ロックから足を洗うなんて言うんじゃない。いくつになっても自分のやりたいことはやるべきなんだ。おれなんか85歳でマラソンに出てる人を知ってるんだからさ」

●すごいな。

「いや、大袈裟だった。85じゃないけど……。だけど、60、70になってもまったく肉体的に衰弱してない人なんかいくらでもいるんだから、君はまだまだ大丈夫だよ。で、肩こりなんだけど、おれなんかより整体師に訊いたほうがよっぽど効率よく治ると思うけど。おれの場合、久々にライヴやると絶対に首がこってしまうんだ。なにしろ、絶えずヘッドバンギングしてるからさ。だけど、そのうち自然と治るんだよな。毎晩ライヴやってると、筋肉も徐々にほぐされていくからさ。君はすごくこりやすい体質っぽいから、ライヴに行く前は必ずストレッチすることを心がけたほうがいいよ。なんだってそうで、いきなりジムに通うと、必ず筋肉痛になるだろ？　それと一緒で久々にライヴに行くなら、事前に準備しとくのは重要。週何回かだけ整体に通うんじゃなくて、毎日軽い筋トレとストレッチで、筋肉を鍛えるべきだよ。そもそも整体に通っていても、治らないのは不思議だよな。ちゃんとした医者、または他の整体師に診てもらってセカンド・オピニオンを求めるっていうのも手かも。おれから言えるのは、ライヴに行くのは止めるな。これは君にとって一種のチャレンジかもしれないから、めげるんじゃない。それを自分の糧として、これから頑張ろうじゃないか。だって昔から言うじゃん、『レモンを投げつけられたら、レモネードを作っちゃえ』ってさ」

●聞いたことないよ、そんなの。

「そう？　だって言うじゃん……」

人生の悩み

20歳でチェリー・ボーイの場合

今年20歳になった男性、まだチェリー・ボーイで、友達からもそのことをバカにされているそう。今までに何人か彼女はいたのだが、恐ろしくてキスまでしかしたことがない。というのも直前になると怖くなって逃げ出してしまうかららしい……。「マジで真剣に悩んでいます！」という彼に、どうかいいアドバイスを！

（20歳、男）

「まだ心の準備ができてないと思うなら、無理してセックスなんかしなくたっていいんじゃない？　童貞は悪いことじゃないんだから。ただ、悩みから察すると、どうやら君自身はセックスしたいらしいね。ただ、旅をしたいけど、飛行機恐怖症の人みたいな感じで怖いだけで。でも、旅にしてもセックスにしても、やりたくなければそれだけのこと。それでも、やりたいなら、それなりの努力は必要となってくる。でさ、どうせなら完全に信頼を置ける相手とこの問題に取り組むっていうのはどうだろう？　本気で愛するパートナーがいれば、わりと楽に解決できるはずだよ。別に結婚とまではいかなくても、セックス以上の付き合いもできるような人。自分が童貞であることを隠さず、すべて打ち明けられるような相手っていうか。それだけオープンになれれば、プレッシャーも和らげられるだろうし、彼女も君のことを大切に思ってくれてるなら協力してくれるんじゃないか？　それでふたりで話し合って、ベストな方法でその問題を解消しちゃおうよ。とにかく、もし本気でやりたいと思うなら、君の抱える恐怖と向かい合うことは必須。だったら、信頼できる相手と取り組むほうがよっぽど自信になるだろ？　君にはまだまだ時間はあるんだから焦る必要はないって。20歳の童貞なんか大勢知ってるから。逆に7歳で童貞なくしたやつも知ってるけど」

●え、7歳!?

「うん、地下室で女の子とふたりで遊んでて。性交まで至ったかは微妙なんだけど、かなり際どい体験だったらしい……どうでもいい話なんだけどさ」

愛とか永遠とか夢とかを考えすぎてしまい、真剣に人を愛することを理解できない場合

今年18歳になるのだが、真剣に人を愛するということをまだわかっていないという男性。何かとすぐ考えすぎてしまい、体が思い通りに動いてくれないのだとか。愛やら、永遠やら、夢やらについて考えすぎてしまうのが悩み。人生って長いらしいけど、これからもこんな感じでいいのか？　教えてくれ、アンドリュー！　（17歳、男）

「おれが思うに、愛ってあまりにも美化され過ぎちゃって、その実態がますますわかりにくくなってるんだよな。みんな、ある日、いきなり恋に落ちる、という安易な妄想を抱いてるっぽいけど、そんな単純なもんじゃないんだよなあ。だから、もし君が女の子に『本当に愛している』って言ってもらえないから悩んでるんなら、今すぐ悩むのを止めな。真剣に人を愛するっていうのは、それなりの覚悟が必要なことなんだよ。なにしろ、自分の内面に潜む不安と恐怖と弱みをまず曝け出すところから始まんないと、本当の愛は実らないんだから。だけど、それだけのチャレンジがあるからこそ愛は魅力的なんじゃないか？　愛は決して一時的なもんじゃないし、そもそも大変なのは恋に落ちてからなんだから。なんだろう、たとえば満腹感っていうのは幸せな気持ちだし、メシさえ食えばそれを得られるだろ？　だけど、愛の場合は、それでは終わらない。辛抱強く、何度も何度も同じものを食い続けなくちゃいけないんだ。君の言う通り人生は長い。だから真の愛を探す時間はいくらでもあるはず。ただ、探せないからって悩むのは無駄。それより、まず自分という人間を磨き上げてみろよ。自分に満足できるような人間になれれば、愛とは自然に出会えるはずだからさ」

人生の悩み

音楽の好みが合うドラマーと知り合ってバンドを結成できたと思ったのに、ひょんなことから自分の意に反してバンドがメロコアっぽくなってきたので脱退しようか悩んでいる場合

音楽の悩み

ベーシストの男子学生の悩み。彼の地元ではメロコアを聴いている友達が多く、メロコア・バンドが溢れているのだが、彼自身はそういったジャンルを受け入れることができず音楽の好みを共有できる友人がいなかったそう。しかしある日、少し音楽の趣味が合うようなドラマーと知り合い、バンドを組むことに。目標は「自分たちにしか出せない音楽をやろう」。メンバーもそろい、いよいよ！　というときにヴォーカルが脱退、その代わりにとドラマーが連れてきたのはメロコア大好きのヴォーカルとギタリストだったため、結局バンドの趣旨も変わってしまい、メロコアっぽい音楽をやることに。もうバンドを辞めようと思っている相談者なのだが、音楽は続けたい。地元が田舎のため、音楽の好みを共有できる人と出会える機会がなかなかないのではとの不安から、今は脱退をためらっている状況なのだという。バンドとは何なのだろうか。好きな音楽を探求するためにあるのか、それとも苦手な音楽でも多少我慢してやっていくものなのか……アンドリュー、教えて！

（16歳、男）

「難しい質問だなぁ……おれは初めてやったバンドでピアノを弾いてたんだけど、気の合う友達と結成したバンドだったから、全員が同じような音楽を聴いてたわけじゃなかったんだ。だけどおれはバンドやってること自体に興奮しちゃっていて、それがどんな音楽であろうと構わなかったんだ。とにかくピアノを弾くことだけに専念して、それさえできればハッピーだった。思うんだけど、興味のない音楽をやっても、それなりに学ぶことはあるんじゃないか。別に無理してやりたくないことをやる必要ないけど、そうやって興味ないもんと辛抱強く向き合ってると、

最終的に好きにはならないとしても、それなりの良さを見出すことができるだろうし、リスペクトできるようになるんじゃない？　で、『バンドは何？』という質問だけど、バンドっていうのは3つの捉え方っていうかタイプがあると思うんだ。まず、とにかく楽器を演奏することだけに専念できるようなバンドがある。楽器を演奏することそのものに幸せを感じられるなら、それが他人の書いた曲だろうと、カヴァーだろうと、楽しいはずだもんな。君だって、ベースを弾くことに幸せを感じるなら、とりあえずベースを思い存分弾ける場としてそのバンドを捉えることができるんじゃない？　少なくともベースの腕が上がることは間違いないし。次に、明確なヴィジョンをメンバー全員が共有しているようなバンドがある。この場合は大抵リーダー格のやつがひとりかふたりいて、他のメンバーを引っ張っていくっていうパターンが多いよね。君のバンドも恐らくこれに近いんだろうけど、どうやら他のメンバーは君をリーダーにさせたくないらしいんだよなあ。そこで君のジレンマが生まれてくるという。で、最後のタイプはかなり珍しいっていうかこのタイプで成功したのはビートルズぐらいしか思い付かないんだけど、メンバー全員が入れ替わりにバンドを先導していくようなバンド。順番に曲を書いて、ひとつひとつの曲をバンドが一丸となって全力を尽くして最高なものにしてしまうようなバンドね。そのためにはひとりひとりの妥協も必要。ビートルズだってそうだったんじゃないか。ポール・マッカートニーが書いた曲すべてをジョン・レノンが好きだったとは思えないもんな。でさ、君もこういうアプローチを試してみれば？　他のメンバーが書いた曲を一生懸命演奏する代わり、君の書いた曲もバンドにやってもらうっていうさ。駆け引き次第でみんなも承知してくれるんじゃない？　もし、それが実現できたら最高じゃん。君もそれほど辞めたいと思ってなさそうだし、現時点ではバンドを脱退するのは早過ぎると思うよ。他にもバンドをやりながら自分が好きなような曲をひとりで作るっていう手もあるしな。そういう機材も最近かなり便利になってるんだから。バンドをやってるとこれから普段は接点のない人と出会う機会がすごく増えるはず。だから、もしかして君と趣味の合う人に遭遇するかもしれない。バンドを続ければ続けるほど経験が身に付くわけだし、それはそれで大切な財産となるはず。やる気があるんだったら、もうちょっと辛抱して続けてみなよ。必ず得ることはあるからさ。頑張ってくれよ」

アンドリューと結婚したい場合

どうしたらアンドリューと結婚できますか？　という女性の悩み相談。どう？　（28歳、女）

「うわ」

●（笑）で、どうなの？

「いや、ま、おれもいつか結婚したいけど、現時点では誰とか、いつとかはまったく想像できなくて、えーと、君だって同じだろうけど、おれだって結婚はしたくて……」

●なんか動揺してない？

「いや、結婚の悩みって聞いた時、かなり力を入れて答えるつもりだったんだけど、それがいきなり自分のことだったんで……ていうか、ちょっとタイム。えっと、確かに色んな人との結婚生活を想像するのは面白いし、ワクワクするのはわかるよ。だけどさ、あまりにも夢中になってしまわないように。それが実現しなかった時に失望しちゃうのはまずいからな。いや、絶対に可能性がないと言ってるんじゃないよ。ただ、その夢の障害となりそうなことっていくらでもあるわけで……だけど、気を落とすなよ。まだまだ楽しみはいくらでもあるんだから」

●じゃ、とりあえずアンドリューの携帯番号でも教えとこうか？

「（笑）それは、ちょっと早すぎるんじゃないか？　もし教えるとしても自分から直接教えるよ」

●（笑）わかりました。

40代で洋楽ロックが大好きだと言うと、マニアだと思われてしまう場合

♪音楽の悩み

40歳になり、やっと結婚を意識し始めた男性。そこで最近は結婚情報会社主催のお見合いパーティーへ参加しているそう。自己紹介のときに趣味を聞かれると、かならず洋楽ロック鑑賞だと答えるのだが、そうすると半分以上の女性に首を傾げられてしまう。40歳という年齢だとジャズやクラシックを聴くのが当然だと思われるようだ。自然にロックが好きなのに、マニアックな人間をイメージされてしまって悩んでいるそう。どうしたら女性に「40歳で洋楽ロック大好き！」と気持ちよく理解してもらえる？　（40歳、男）

「前にもありましたが、こうやって自分より年上の方に相談されるのは光栄です。自分みたいな若造が偉そうに先輩の方に助言するのも恐縮なんですが、精一杯、答えたいと思います。まず、軽はずみな恋愛じゃなくて、生涯を共にするパートナーを求めてるわけですよね。ということは、お互いの趣味を理解して、尊重できることは大切なはずです。それがロック鑑賞だろうが、動物園に行くことだろうが、読書だろうが、昆虫採集だろうが。『私も昆虫が大好きなの』っていう女性である必要はないけど、あなたの昆虫好き、じゃなくてロック好きを尊敬して、サポートしてくれる人でなければ、上手くいくわけないですよ。だけど、確かにロック鑑賞じゃ、あまりにも抽象的すぎるかも。具体的にどういうロックが好きですか？」

●ストーンズ、エアロスミス、ツェッペリンを挙げているよ。

「だったら、好きなのはストーンズとかエアロスミスって言ったほうがいいですよ。スリップノットとかが好きかと思われちゃうかもしれないから。だけど、趣味は、人格を形成する大きな要素。だから真剣に結婚を考えてらっしゃるのなら、ロックの好き嫌いというのは些細なこととは言えませんよね。だからって、結婚したいがために自分の趣味を妥協して、ロックから得られる幸せを捨てるのだけは避けるべき。とにかく相手に何を求めるかさえハッキリしていれば、いずれ必ず出会いはあるはずです。自分も偏見に囚われることなく、じっくりと理想的な相手を探してください」

結婚してから夫の体重がどんどん増え、まるで自分の食事が原因のように思われる場合

生活の悩み

結婚して2年ちょっと経つ女性から、旦那さんの体重についての相談。結婚してから、彼の体重がどんどん増えてしまい困っているそう。彼は甘い物が好きらしく、あまり食べ過ぎないようにとは言うのだが、言うことを聞いてくれない。学生時代は陸上をやっていたそうなのだが、今は走ったりするところもあまり見たことがないのだとか。彼女自身はバランス良く食事を作っているつもりなのに、まるで何も考えないで彼に食べさせているように他人から思われるのは悲しい。どうすれば健康的に痩せさせることができるの？ ちなみにアンドリューはどのように体重管理をしている？

（28歳、女）

「若い頃はガリガリで、太りたいがために、いつもメシをむさぼり食ってたんだけど、なかなか体重が増えなくてね。必要以上にカロリーを摂取してみても、どうしても無理で。そういう体質だったんだよね。だから面白いよね、世の中には太りたい人も大勢いれば、痩せたい人も大勢いるっていうのは。で、まず言っておきたいのは、旦那さんの体重は君とは関係ないんだ。君が作る料理のせいで、旦那さんは太ってるんじゃないんだから。体重管理はあくまでも本人の責任なんで、旦那さんが自分から痩せたいと思わない限り、君ができることは本当に限定されちゃうんだよ。だから、まず、旦那さんを励まして、痩せるように説得するところから始めなくちゃ。でさ、思うんだけど、君も一緒になってチームとして彼の減量に挑戦してみたら？ たとえば君も一緒にジムに通って、一緒にジョギングとかしたら、彼もやり易いだろうからさ。旦那さんひとりに減量するプレッシャーを

掛けちゃうと、やる気なくす可能性があるもんな。とにかく、お互いが幸せになれるように、ふたりで頑張ってみるのが一番いいと思うよ」

●アンドリューは自分の食事に気を使ったりするの？

「うん、わりと気を付けてるつもりだけど。揚げ物とかはなるべく食わないようにしてるけど、食べたいと思ったら躊躇しないで食べてるよ。キャンディとかだって大好きだから、いつも好きなだけ食べてるし。無理して我慢するより、自分の食欲を素直に満たすほうが健康的だっていうことは科学的に証明されているんで、もしお腹が空いてサンドイッチ食いたいならサンドイッチを食うべきなんだ。おれは無理なダイエットは絶対にしない。それが健康的だとは思えないんだ。まあ、ちょっとは食べることを我慢したほうがいいと思える人はいるけど、それよりか積極的に運動するほうがいいんじゃない？おれの場合は常に活発に動き回ってるんで、それさえも心配しなくていいんだよ」

頻繁に鼻血が出る場合

身体の悩み

最近、何もしなくても鼻血が出るという男性。1日に2、3回も出てしまうそう。白血病だったら怖いので、まだ検査はしていないというのだが、アンドリュー、どうすれば良いの？

（17歳、男）

「へへへ、嬉しいな。鼻血のことならちょっとはわかるからさ。ガキの頃はおれもしょっちゅう鼻血を流してたんだよなあ。だけど、17の時までには治ってたかも。そう言えば、2年前にライヴで自分の顔を膝蹴りして、酷い鼻血になったことがあったな」

●え、自分で自分を？

「うん、ライヴ中にハイ・キックしたら思いっきり膝が顔に命中してさ。観客の中に3年くらい会ってない友達を見かけて、ついつい興奮しちゃったんだよね。鼻の骨を折ってしまうほどの打撃だったんだ。Tシャツが真っ赤に染まるほど血だらけになってたんだけど、ライヴは最後までやり通したよ。どうやら、お客さんはそれが演出かと思ってたようなんだけど。だけど、とりあえず君が医者を恐れることはない。専門家の意見こそがもっとも信頼できるんだから。ただ、医者に診てもらう前に写真は撮っておこう。そして必ずそれをおれに送ってくれよ」

女心がわかっていないと言われた場合

性格の悩み

最近、同じ歳の女の子に会った時に「化粧濃いね」と言ったら、「女心がわかってない」と言われてしまった17歳の高校生。本当に化粧が濃かったのに……思ったことをそのまま言ったのが悪かったのか、それとも「女心」をわかっていなかったのが悪かったのか、自分の中で問い詰めているそう。ずばり「女心」と「化粧」とは何なんでしょうか？ ちなみにその女の子はまだ高校生なんだそう。なんだか同じ年代の流行りにも遅れている気がする相談者に、アンドリューのアドバイスは？ （17歳、男）

「どうなんだろう。『女心』と『化粧』が直接関係あるとは思わないけど。でも、女性にとって外見というのはすごく大切なことで、他人にどう思われているかっていうのにすごく敏感だったりするんだよね。その女の子が濃い化粧をしているのは、必ずしもそれが好きだからじゃなくて、そうしなきゃ自分が醜いと思い込んでるからなのかもしれない。だけど君があまりにもハッキリとそれを指摘したんで、気分を害しちゃった可能性があるよな。確かに君が正直に意見を言うことは決して悪いことじゃないけど、やっぱり自分が言うことによって相手がどう反応するか、そしてそれによって君が得ることがあるか、っていうようなことをちょっとは考えてから喋ったほうがいいと思うよ。おれだって友達があまりにも正直に自分の意見を述べるもんで腹を立てたことはある。たとえば書いたばかりの新曲に対して『これあんまり良くないよ。駄目だな』って言われたら頭にくるもんな。あっちは正直に感想を述べてるだけなんだろうけど、やっぱり少しは気を使って欲しいよ。もし、ポジティヴなことが言えないなら、黙ってたほうがマシ。優しくする努力もしないのに、『正直に言ってるだけ』っていうのは怠慢でしかないんだ。人を傷付けないように気を使うことはすごく大切なことだよ」

流される夢ばかり見るので、もっといい夢を見たい場合

？特異な悩み

最近、夜眠っている間、崖から落ちる夢やトイレに流されるような夢を見るという男性。女の子と一緒にいる夢とか、もっといい夢を見たいそうなのだが、どうすればいいの？　ちなみにアンドリューはどういう夢を見るのか教えてくださいとのことです！
（15歳、男）

「最近、見た夢で憶えてるのは、何故かそこいらじゅうの人を殺戮しているという夢なんだよね」

●え？　これまた随分とアンドリューらしくない邪悪な夢だね。

「本当に酷い夢で、起きた時に思わず泣いてしまったよ。なんであんな夢を見たんだろう……。普段は夢なんか覚えてないんだけどね。でさ、まるで取り憑かれたかのように夢というコンセプトにはまってる友達がいてさ。毎朝、自分の見た夢をすべて書き留めてるんで、かなりハッキリした記憶があるらしいんだ。それで彼が言うには、そうやって見た夢を記録することによって、自分の夢をコントロールできるようになるらしいんだ。こういうのを、え～と、『明晰夢』って言うんだよね。かなり研究されてるんで、それについての本とか探せると思うよ。どうやら、そうやって自分の夢を記録して、それを分析することによって、ある思考回路が生まれて、そうすると自分の夢を自在に操ることができるようになるらしいんだ。それで、更にそれを突き詰めていくと、まるで寝てる時の世界が現実となり、起きている時の世界が夢になってくるらしくてさ。とにかく夢を見たらそれをできるだけ詳しく書き留めるようにしよう。それがトイレに流される夢であろうと……っていうか、それってわりと刺激的な夢じゃないか？　女の子の夢より、むしろそっちのほうが見たいけどな、おれは」

パンク・ファッションを母親にバカにされる場合

趣味／嗜好の悩み

すごくパンクが好きなので、洋服に安全ピンとかをつけたりしているという男性。しかし彼の母親はそんな服を見ると馬鹿にするので、とても腹が立つのだとか。このやり場のない怒りはどうしたらよい？　アンドリュー、解決方法は？（15歳、男）

「おれだって昔からぶっ飛んだ服を着てたんで、よく親にからかわれたよ。母親はそうでもないんだけど、父親なんか今の汚いズボンにTシャツというスタイルに対しても何かと小言を言いたがるんだよな。高校の時なんかは青く染めたモヒカンで、鋲や安全ピンをつけた革ジャンにタイトな黒ジーンズっていう格好だったんで、しょっちゅう父親に冷やかされては傷付いてたよ。だってさ、学校でもみんなに馬鹿にされるし、街を歩いててもみんなに白い目で見られてるっていうのに、家に帰っても父親にもそういう仕打を受けるのは本当に辛かった。そのことを父親には伝えたんだけど、いまだに『おまえはいつ見てもルンペンみたいだな』みたいなことを言われるんだ。ま、悪気はないってことを知ってるし、結局おれが何をしようとどうせ文句はあるんだろうから、最近はあまり気にしていない。だけど、君は母親と話し合ったほうがいいと思うよ。君にとっていかに音楽が大切で、だからそういう格好をしているんだっていうことをハッキリと伝えるべき。それでも馬鹿にするのをやめなかったら、もう気にしないで自分が正しいと思うように振る舞ったらいいんじゃないか」

オナラを我慢できないので、いつも周りに通告→発射してしまうのだが、本当はオナラを我慢したい場合

身体の悩み

最近、彼ができた女性。彼の前でオナラが出そうな時、事前に「オナラが出そう……」と通告したら「女の子なんやからオナラとか言うなよ」と言われたそう。普段、友達といる時も（言わずに出ると恥ずかしいので）普通に口にしていたらしいのだが、やっぱり「オナラ出そう」と言ったり、オナラを人前でするのはいけないのだろうかと悩むようになったそう。我慢できるならオナラはしたくないのだが、我慢できないから先に言うようにしているという彼女。友達に訊くと誰ひとり、彼氏の前でオナラはしたことがないという。我慢できない自分がおかしいの？　オナラって出ないようにするにはどうしたらよいの？　アンドリュー、何かいい方法知ってる？　（26歳、女）

「オナラって面白いよな。普通にみんなやってるごく当たり前なことなのに、いざ人前でやっちゃうと、すごくおかしくなったり、すごく恥ずかしくなったりするからさ。この世界で稀に見る奇妙な現象だよね。おれも初めて女の子と付き合った時、彼女の前でオナラをしたくなくて、いつもガスを貯め込んでたんで、酷い腹痛が何ヶ月も続くことがあったんだよな。彼女の前で何気なくオナラできるようになるまでかなり時間が必要だったんだ。だけど、友達には何年も付き合っている相手の前でいまだにオナラができないやつとかいるんだ。それってちょっと変だと思わないか？　おれは君と同じで人前でオナラすることがそんなに悪いことだとは思わない。だから、君は『わたしがオナラしても、そんなに怒らないで』と彼にじっくり相談して、ふたりで解決策を練るべきだと思う。君が彼の前でオナラがしたい、

という気持ちを正直に伝えたら、彼も理解してくれるはず。まあ、あまりにも彼が嫌がるならちょっとは妥協する必要があるかもしれないけど。だけど、オナラを無理して我慢するっていうのはあまり健康的でないと思う。理由があるから、オナラをする仕組みに体はできてるわけなんだから。簡単な解決策はガスを催したら、すぐにトイレに行くこと。人目につかない場所だったら思い存分に解放できるもんな。でも、オナラする前に通告するという行為は尊敬に値するんじゃないか？　だってさ、黙っていても、周りの人たちに匂いを気付かれたら、自白しなきゃいけないわけだろ？　そうやって嫌な思いをするより、前もって警告して、謝っておくっていうのは極めて立派な行為だと思うよ」

乳毛が生えてきた場合

身体の悩み

最近真剣に悩んでいる！という女性から。乳毛が生えてしまったのが悩みだそう。しかもうぶ毛ではなくマジ太なのだとか。決して毛深いほうではないのに、なぜ、乳毛に苦しめられなければならないのか!?と悩みすぎて、彼とも一線を越えられないということなのだが、アンドリューは女性の乳毛って気になる!?

（27歳、女）

「そういう生理的な好き嫌いっていうのは、人それぞれなんじゃない？　おれは乳毛が好きとも嫌いとも言えない。だけど、もし愛している人に乳毛が生えていたら、すごく乳毛にはまると思うよ。人それぞれに理想の相手像っていうのはあると思うけど、現実ではそれとはまったく異なるイメージの相手と恋に落ちる可能性もあるわけ。結局、人に惹かれるのは生理的な面だけじゃなく、それを含めた人間性なんだからさ。でさ、もし自分自身がそんなに不満だったら、乳毛なんか剃っちゃったらいいじゃん。ただ、医者に診てもらうのもいいと思う。元々は毛深い体質じゃないなら、体内のホルモンに何か異変のある可能性も考えられるもんね。その時に医者に処理する方法も訊けたら一石二鳥だしさ」

●乳毛って見たことある？

「漫画でなら見たことある。成人向けの漫画だったんだけど、女の子が服を脱いだら乳に毛が生えてたんだ。別にお笑い系の漫画じゃなくて、シリアスなアダルト・コミックスだったんだけど、そういう描写があって、すごく奇妙に思えたんだよね。確かに乳毛というのはユニークな体質かもしれないけど、別に乳首がもうひとつ増えたわけじゃないんだから、嫌なら抜けばいいだけの話。それほど心配することではないと思うよ」

エッチが好きすぎて普通の恋愛ができない場合

恋愛の悩み

「今、不倫をしています……」という女性からの相談。どうしても普通の恋愛ができず、すぐに飽きちゃうんだそう。正直、モテないわけではないので、言い寄ってくる男は山の様にいるんだそうだが、最後はやっぱり体の相性が合わなくて駄目なのだとか。自分が女のクセにエッチすぎるのが駄目なのかなぁ〜⁉と悩んでいるそうだが、不倫相手からはそんなエッチな私が好きだと言われるし、確かに相性がバッチリだそう。でもこのままじゃ本当にダメ女になって、結婚すらできない。いったいどうしたらいいの⁉　男の人って、エッチ好きな女は嫌いなのかな……と悩んでいる彼女に、アドバイスお願いします‼

（32歳、女）

「まず、結婚している相手と関係を持っても、いいことなんか何ひとつ生まれないって。君にとっても、相手にとっても、奥さんや子供にとってもストレスにしかならないよ。で、まず、ハッキリさせとくけど、セックスが嫌いな男なんかいない。だから、エッチな女であることが問題じゃない。エッチが関係のすべてと思うことに問題があるんだ。もし君が本気の恋愛をしたいなら、それについて真剣に考える必要があるよ。だから、とりあえず誰とも関係を持たない時間を設けてもいいんじゃないか。恋愛相手がいるかいないかが君のすべてじゃないんだし、他のところに男、そして自分の価値を見出すのも大切だと思うからさ。でさ、たとえば本命と思える人と付き合うことになったとしても、すぐにセックスをしないというのも考えられるだろ？　まずセックス以外のところで関係を築き上げるっていう。それでいざセックスをしたら、かつてないほど最高かもしれないじゃん。とにかく自分にとって何が大切なのかを考えて、もし君が求めるのが真面目な恋愛ならば、そのために努力する必要はあるよ。もし、セックスにしか相手の価値が見出せなかったら、相手も君のことをセックスのために利用するだろうからな」

「女の男運は父親で決まる」と聞いてから、父親がいない自分には一生パートナーができないのではと思う場合

恋愛の悩み

今年で18歳になる女性からの悩み相談。一度も男性と付き合ったことがなく、これっておかしい、と感じているそう。ちょっと老けたルックスに「昭和」って感じの性格、それにファザコンがあいまって、自分にはまったくかわいいところがないのだと感じているそう。ちなみに父親がいないのでファザコンなのだとか。そんな彼女を好いてくれる人もいるのだが、皆、彼女を娘という感じに見ており、彼女にとっても、その年上の方々にとっても互いに恋愛対象にはならないのだそう。5年程前にテレビで「女の男運は父親で決まる」と言っていたのを見た相談者。父親がいない自分は一生パートナーができないのではないか、できたとしても父親のような最低な奴なのだろうかと不安になるそう。アンドリュー、彼女に明るい未来があるように、アドバイスを！　（17歳、女）

「複雑な悩みだなあ。おれは家族構成と恋愛の関係性についての専門家じゃないけど、親のことを慕っている人が、自分の親と似たような人格に惹かれるっていうのは聞いたことある。ただ、君の場合は父親が最低な奴ってことなんだよね……。でも、そうやってファザコンの自覚があるっていうのはいいことだよ。それを認識することでこれから予防策が練れるからさ。無視したっていいことはないって。ただ、自分の父親が今いないからって、その穴を恋人で埋めるのはよくないし、現実的でもない。頼りたい相手が欲しいってのはわかるけど、その力は自分の中に見出すべきだよ。君の未来は間違いなく明るいはず。なにしろ、自分の感情に正直だし、父親がいないことが自分にどう影響を与えているかをちゃんと理解しているからさ。その感情と折り合いを付けるのは確かに簡単ではない。もしかしたら何年もかかるかもしれない。だけど、父親がいないからできた穴を埋めるために恋愛するのは危険すぎる。それさえ理解していれば、君の恋愛関係も上手くいくはず。頑張りなよ」

アメリカでマリファナを覚えてしまい、日本でも今後一切ドラッグをやらないという確信が持てない場合

人生の悩み

1年以上いたアメリカから最近日本に帰ってきた16歳の男性。しかし向こうでマリファナを覚えてきてしまい、日本に帰ってからは何気なくタバコを吸い続けているのだとか。しかし自分はこれから先「ドラッグを一切やらない！」という自信がない。むしろやりたいという気持ちのほうが今は強いかもしれないという彼。「どうしようもないクソみたいな俺」と感じているそうで、これから先どうやって生きていけばいいのか悩んでいるそうなのだ。どうしたらいい？

（16歳、男）

「わかるよ、新しい発見をしてそれがとてもエキサイティングだっていうのは。おれも2年前ぐらいにマリファナを発見したもんだけど、最初はすごく興奮したもんな。『これは最高だ！』と思って毎日やりたくなった。だけど、やればやるほどその興奮も冷めちゃったんだよな。ドラッグっていうのはしっかりと顧慮する必要があるんだよ。あまりにも日常的なものになってしまうと特別感がなくなるし、体もその刺激に慣れちゃうんだ。で、それはとても健康的だとは思えないよな。あと、逃避手段としてドラッグを利用するのも賛成できない。アルコールに関しても同じことが言えるんだけど、依存しちゃって、どうしてもやらなきゃ気が済まないっていうのはマズイだろ？ それこそまったくエキサイティングじゃないしさ。とにかく自分の欲望をしっかりと把握すること。そしてそれをコントロールできるようになること。あとは自分の良心次第だよ。ドラッグをやってる自分が本当にクソみたいだと思うならやんなきゃいいだけの話。嫌な思いをしてまでやるもんじゃないんだから。おれはドラッグを否定しない。ただ、そこに危険があることを充分に理解して、そのリスクを踏まえた上でやるかやらないかを決めるべきだよ。自分が選ぶ道は自分の責任。それを肝に銘じてこれから生きよう」

愛と音楽の狭間でどちらを選ぶべきか迷っている場合

恋愛の悩み

愛と音楽の価値について悩んでいるという女性。現在彼がいて、その彼といつも一緒にいたいと思うし大好きなのだが、音楽も同じくらい好き！という相談者。自分がやってるバンドは真剣に音楽活動をしているので、いつもメンバーと行動して音楽を磨きたい。でも彼は、彼女といる時間が減ってしまうから音楽をやめて欲しいと願っている……。アンドリューがこんな立場になったら音楽と愛、どちらを選ぶ？　（16歳、女）

「いい質問だ。おれだったら、自分が愛するものを追求することを100％支持してくれる相手を選ぶな。本気でおれのことを愛してくれる人なら、おれの幸せを願ってくれるだろうし、そのためには一緒にいる時間を多少は犠牲にしてくれるだろう。恋愛とは常に一緒にいるから成り立つものじゃなくて、自分のことを無条件に愛してくれる人がいて、その人と一緒に幸せを築き上げることなんじゃないか。そのためには妥協が必要となる時もあるんだ。お互いが相手の幸せを強く願うほど、その関係は強くなるんだよ。だから、バンドを絶対に絶対に絶対にやめるな！　ノー、ノー、ノー、ノー、ノー。そんなことをやったら、自分の幸せを奪われたと彼を憎むことになるだろ？　それで恋愛が上手くいくとは思えないよ。君たちは相手にとって何が幸せなのか、そしてそのために自分は何をしなきゃいけないのか、ってことを考えなくちゃいけない。たとえばスケジュールを立ててみるのはどうだ？　彼にだって趣味とかあるだろうし、他にもやらなきゃいけないことはあるはず。彼の予定に合わせてバンドの練習をスケジュールしたらいいじゃないか。君が彼のことを愛しているのもわかるし、音楽のことも愛していることはわかる。だけど、どっちかひとつを選ぶ必要はないんだよ。些細なことで崩れることのない強い関係をふたりで築き上げることだな。お幸せに」

セックスフレンドが物凄く好きになってしまった場合

恋愛の悩み

物凄く好きな男性ができたけど、どうしても告白できない！ という女性。なぜなら彼は世間一般でいうセックスフレンド的な存在だから。自分の今の気持ちを彼に打ち明けてしまったら、彼が去ってゆきそうなので、とても怖いのだそう。でも、彼とは正式に付き合いたいと思っているという。どうしたらいいのか？ アンドリュー先生ならどうするか、是非教えて！

（18歳、女）

「そうやって肉体関係を持つ相手に恋愛感情を抱いてしまうっていうのは当たり前のこと。最初はセックス以上を求めないとしても、そうなってしまうもんなんだよな。セックスはそれだけパワフルな行為なんだ。気付いてない人も多いんだけど。だから、この問題には簡単な解決策はない。だけど、たとえばセックス以外の時間を彼と過ごすっていうのはどうだ？ いきなり告白すると、確かに彼がビビっちゃう可能性があるから、徐々に君たちの関係を肉体以上のものにしていくっていう。それで上手くいったら結果オーライだろ？ だけど、それでも彼がセックス以外の興味を示さなかったら、もう告白するしかないよ。そのために最悪な結果になるかもしれない。だけど、いつまでもそうやって思い悩んで彼と接してると発狂しちゃうぜ、絶対。幸せを掴むのにはリスクが必要。その覚悟がなきゃいつまで経ってもぬるま湯につかることになるよ。辛いかもしれない。だけどそれこそが人生。とにかくハートを信じることだな。頑張れよ！」

お互いが楽しい気持ちになれるような関係の友達がなかなかできない場合

性格の悩み

友達がいない、と感じている男性からの相談。遊びに誘う人がまったくいないわけではないのだが、一緒に飲みに行ったりしてもハッキリ言って楽しくないという。お互いがお互いを楽しい気持ちにし合えるような関係が欲しいのだが、大抵の人は自分の話ばかりしている。自分の話を真剣に聞いてくれる人であれば、その人の話も真剣にいくらでも聞くのに、という相談者は、お互いに自分の欲求をただ満たすことしか考えていないようなコミュニケーションは大嫌いなのだとか。でも自分には人を喜ばせる才能がないんだろうなあとも思っているそう。ただ普通に自分の思ってることや感じてることを話せる友達を見つけることが本当に難しいと感じているのだが、自分に原因があるのか、周りの人間に原因があるのか、それとも時代や社会といった大きな原因があるのか、よくわからないのだそう。恐らく自分が原因なんだろうなあという気がしているという彼。どうしたら彼にとってのかけがえのない友達ができる？　アンドリューの提案は？（25歳、男）

「もうわかってることだろうけど、とりあえず言っておく。一番大切な友達は自分しかいないんだよ。結局は自分が満足してないと、他人にそれと同じ気持ちを与えるのは無理だろ？　だから、まず外で友達を探す前に自分と真の友情を築き上げてみよう。だけど、それが実現したからって他の友達が必要なくなるというわけじゃなくて、自分に満足できるなら友達も作りやすくなるってことだよ。それで、自分のことしか話さない人が嫌いだっていう話だけど、相手の一方的な会話に嫌気が差すなら、自分もその会話に参加しようよ。共感するなり、対立するなり、そこから刺激的な会話になるように君がリードしていったら少しは楽しくなるんじゃないか。でさ、おれが思うに、趣味や価値観を共有できる人のほうが仲良くなれる可能性も高いんだよね。何かに対して熱い思いをお互い持っていれば、そこから友情が芽生えてもおかしくないだろ？　だけど、君が言うように『時代や社会』に原因があるような気がおれもする。現代社会では直接人と交流することが軽視され始めているんだよね、なにしろ携帯電話やEメールが普及しちゃってるから。そのせいで友情どころか会話でさえ持続させるのが難しくなっているという。だから、たとえば興味のありそうなクラブに入会するとか、とにかく趣味とかを共有できる人と出会えそうな場所に実際に行ってみようぜ」

●アンドリューのファンらしいからライヴに行くって手もあるよね。

「それがいい！　おれのライヴに来たら必ず楽しみを分かち合える仲間がウジャウジャいるだろうからな。みんな君と話したがるはずだよ！」

「踊り」とは人類にとってどこまで必要なのか気になる場合

特異な悩み

歌いながら踊ったりバックダンサーがやたら出てきたりと、とにかく踊っている人が多過ぎる、と最近特に思うようになった相談者の女性。本来は歌を盛り上げるための踊りのはずなのに、踊りばかりが鼻について仕方がないのだそう。そんな時「踊り」っていったい何なんだろう？と考え込んでしまうのだとか。「踊る事」とは、どこまで人類にとって必要なの？ 教えてアンドリュー！ （28歳、女）

「あははは。踊りが人類にとって必要なわけないじゃん。だからこそ、みんなやるんだよ。毎日仕事をしなきゃ食っていけないし、食わなきゃ死んじゃうけど、ダンスという行為にはそういう必然性はまったくないだろ？ みんな楽しいから踊ってるだけなんだ。と、簡単に済ませたい所だけど、君が本気で悩んでいて、そのために世の中を厭ってるなら真剣に答えなければいけないな。そもそも君自身は踊らないのか？ もし、答えがノーなら、まずは踊らなきゃ。どんな文化、どんな国にだって『踊り』っていうものは根付いてるわけで、その人たちが全員勘違いしてるってことはないだろ？ ただ、君が必要以上に『踊り』が蔓延していると感じるのもわかる。PVとかさ、まるで義務付けられたように踊りが付いていて、ぜんぜん楽しくないもんな。でも、とりあえず踊ってみろよ。誰も見てない所でいいから、自分の大好きな音楽をガンガンにかけてひとりでアホみたいに踊ろう。そして精一杯に踊ったあと、まだ『踊り』に対して嫌気が差すならそれはそれでいい。だけど、もしかして『踊る事』をより理解することができるかもしれないじゃん。そしたら楽になるはずだよ」

●ただ、彼女の好きなアーティスト

はデヴィッド・ボウイ、トゥール、ナイン・インチ・ネイルズらしくて、あまり「踊り」には向いてないかも。
「いや、ナイン・インチはすごく踊れる音楽じゃん。〝クローサー〟とかさ（と鼻歌しながら踊りだす）」
●（笑）なんか無理がない？
「いや、ストリップ・クラブでよく流れてるよ。歌詞もすごくエキゾチックだから、ああいう踊りには向いてるんだよね。で、トゥールはちょっと違うかもしれないけど、デヴィッド・ボウイなんかさ、まさに〝レッツ・ダンス〟だろ（と踊りだす）。いくらでも踊れるじゃん。別に無理して踊ることはないけど、だからって他の人の楽しみに水を差すようなことだけは避けよう」

「結婚は人生の墓場」という気がしてきて、ふとすべてを投げ出したくなる場合

人生の悩み

結婚して3年の女性。人生の墓場なんて言われてる結婚だが、最近、特にそんな気がしてきたのだという。ふと、すべてを投げ出してまだ見たことのない世界へ旅がしたいと思うことがあるという彼女。今が不満なわけではないのだが、「自分の知らない世界」があると考えると損している人生に思えて仕方ない。あるがままの人生って本当に幸せなの?と悩む彼女にアンドリューの答えは!?　（24歳、女）

「それって誰もが直面する悩みだよ。家庭を築くのがどうこうって話じゃなくて、もっと本質的なことで、えっと、自分が満足できる幸せの度合がどの程度かわからないっていうさ。別に今のままでも満足なんだけど、『未知の世界』に対する憧れも同時にあって。『安定感は欲求を束縛する』という人もいるけど、おれにしてみれば安定が必ずしも悪いとは思わない。逆に未知の幸せばっかりに囚われてしまい、身近の幸せを見失うことだって考えられるし。世界を旅したことで自分が幸せになれるとは限らないだろ？　だから、そこは慎重になって自分にとって何が『真の幸せ』なのかってことを考えることが先決。もし、幸せになるために世界を旅しなきゃいけないと心の底から思うんであるなら、そうするべきだよ。ただ、そうするためにせっかく築いた結婚を放棄することはないいんじゃないか？　しっかり旦那さんと相談するべきだよ。だけど、どっちにしてもそこにはリスクがあることを覚悟しなきゃいけない。欲求を満たすためには努力が必要だし、どの道を選ぶにしたってもう片方を犠牲にしなきゃいけないわけだから。とにかく自分の目の前にある幸せを台無しにしてまで『未知の世界』を追究したいか考えてみよう」

●結婚が「人生の墓場」という概念についてはどう思う？

「まあ、それは大袈裟だと思うけど、結婚することで失うものがあるってことは否めないよ。自分の自由と時間と悦楽と勝手をすべて束縛されちゃうわけだから。ただ、逆に得るものもそれだけ大きいわけだろ？　結婚は君の自分の人生においてとても大きな決断だったはず。だから、『墓場』と思うなら努力して楽しくするべき。そう簡単に諦められるものじゃないもんな」

PLACE

人見知りで、美容室へ行くと緊張してしまい、髪型をうまく注文できない場合

性格の悩み

美容室へ行くのがとても苦手という女性。もともと人見知りする性格で、美容師さんに髪型について注文するのも緊張してしまい、うまく話せず、結局いつも無難なオカッパみたいな感じになるのだそう。美容室のドアを開ける時も緊張して店の前で30分くらいウロウロしてしまうし、同じ店に何度通っても、なんだか美容室の雰囲気が苦手でダメなのだという彼女。ついでにクセ毛で、それも嫌なのだそうだが、アンドリューは髪について悩みはある？(20歳、女)

「(笑)すごくわかるよ、その悩み。おれも子供の頃、弟とふたりで近所の床屋に通っていて、5歳の時からそこのボブっていうオヤジに髪を切ってもらってたんだ。すごくいい人だったんだけど、おれが『こういう髪型にしたい』って言っても、『こっちのほうがいいんじゃない？』っていつも自分の好みを押し付けてくるんだよ。で、おれはボブの気を悪くさせたくなかったんで、言われる通りにしてた。なもんで、それから数ヶ月間はすごくストレスが溜まっちゃうんだよね、なにしろ納得いかない髪型だから。自分の意志を伝えればいいだけなのに、それができなかったんだ。だから床屋に行くのがある意味、恐怖だったっていう。ただ歳を取るにつれ『お願いだから、おれの言う通りにしてくれよ、ボブ』って言えるようになったんだ。最初は失礼とは思ったんだけど、自分が嫌な思いをするぐらいなら、ボブに反対されても『おれはこの髪型がいい』って自分の意志を押し切ることにしたんだよ。とっても言いづらかったけど……。だけど、女の子の場合は更に深刻な悩みなんだろうな。染めたり、カールしたり、トリートメントしたり、とにかく色々や

れることがあって美容院に行くと圧倒されるからさ。マジでプレッシャーだよな。でも、どっちにせよ、自分が客だってことは絶対に忘れるな。金を払うのは自分のほうなんだから、遠慮する必要はないんだよ。それで嫌な思いをするようなら他の美容院に行けばいいだけのこと。他人に気を使うのは素敵なことだけど、自分が金を出してるなら話は違うよ」

●日本には髪型にこだわる若者が多いんだよね。

「うん、すごく共感できるよ。おれも若い頃はすごく髪型に気合いを入れてたからさ。昔は角刈りだったんだけど、それをそのまますごく長くしてたんだ。周りは全部そり落としてて、ただテッペンだけが地面に垂直に生えてるって感じで。しかもかなり高かったんで、みんなに〝ヘア〟って呼ばれててさ。他にそんな髪型のやつはいなかったから、よくからかわれたよ。でも好きだったから何を言われても変えなかった。それで青や緑に染めたりして。だけど日本人って基本的にみんな髪の毛が黒いから色々といじりたくなるのはすごくわかるよ」

性格の悩み

朝、起きられなさすぎて下宿先から追い出されそうな場合

目覚まし代わりにしているコンポを、最大ボリュームにして毎朝鳴らしているにもかかわらず、鳴っているのにすら気づかない、起きられない。しかも近所から苦情が来るようになり、下手したら下宿を退去させられるかもしれない。そうなったら川のほとりで暮らさねばならず、それはそれでカート・コバーンみたいだなあと思ったりもしつつ、やっぱり屋根のあるところで暮らしたい……。そんなぐうたら極まりない20歳男子の「どうやったら朝起きれるの?」という悩み。アンドリューのお答えはズバリ――。（20歳、男）

「早く寝たらいいんじゃないか？」

●……。

「……」

●え、それだけ？

「うん、下宿から追い出されるぐらいなほどの問題だったら、もっと早く寝て目覚ましが鳴るまでにしっかり睡眠を取ったらいいだけの話だよ。おれも学生の頃はいつも寝不足で、君みたいに寝坊してたし、もし起きたとしても授業中に絶対に寝ちゃってたんだよね。たまに学校に着いた途端に、車の中で寝ちゃってたりもしてた（注：アメリカの高校生は車で通学することは珍しくない）。だけど、結局は意志の問題なんだよ。学校に行きたくなかったし、授業に出たくなかったってこと。だけど、今はたとえ2時間か3時間しか睡眠を取れないぐらい忙しかったとしても、常にその日のスケジュールが気になって絶対に目が覚めるんだよね。目覚ましが鳴る前に勝手に起きてしまうことだってよくある。それぐらい常に集中力を高めてるんだよ。だから、君も起きるように精一杯努力してみるってのはどうだい？　起きなきゃいけない時間を頭に叩き込んで、そればっかりに集中して床に付いてみなよ。それぐらいしか助言できないよ。確かに川のほとりの橋の下とかで暮らすのも楽しいと思うけど、雪とか雨が厄介だもんな。ま、それもありなんだけど」

イベントになると無性に血が騒ぎ、はしゃぎすぎてケガしてしまう場合

性格の悩み

落ち着きがないというか、イベントになると無性に血が騒いでしまう男性からの悩み。サークルのイベントの準備中からはしゃいでしまい、頭にケガまでする始末（幸い軽い傷だったけど）。騒ぐのは大好きなんだけど、どうすればその中に落ち着きを取り入れられるの？……でも、それってある意味、幸せな悩みだと思いますよ！（20歳、男）

「グワッハハハハハ！　それ最高じゃないか！　普通だったら内気だったり、すべてに絶望しちゃって興奮できないから悩むのに、君の場合はその正反対じゃん。悩むことないって。だけど、怪我するほどだったら問題あるかもな。一応、ADD（注意欠陥障害）だったり、躁鬱病だったりしたらマズイから医者に診てもらったほうがいいかもしれないけど、そうじゃなかったら素晴らしいことじゃん。思う存分に騒ごうよ。騒げる自分に興奮しろよ。これは神から授かった才能だ。ちょっと危ないと思ったらヘルメットでも被って、騒げるだけ騒いどきな！」

好きな仕事の理想と現実のギャップが激しくて、嫌になりそうな場合

仕事／学校の悩み

音楽好きが高じてCDショップの店長をしているけれど、雇われ店長なので上司がいる。その上司に毎日のようにものすごいダメージを受けるほどの言い方で怒られて、最近は精神的にも参り気味。好きな仕事ゆえに理想と現実のギャップが大きすぎてストレスは溜まる一方だけど、これは甘い考えなのかと悩んでいる女性からの相談。アンドリューも好きな仕事をしているわけで、こんなときはどう対処しているの？　（25歳、女）

「まず、君の考えは決して甘くない。仕事のストレスは君のせいじゃない。ただ、たまたま最悪な上司に恵まれてしまっただけ。どんな仕事だってあり得ることだよ。たまたま理想的な仕事に就けたからそう思ってるだけで、好きな仕事をやってるからって罪悪感を抱くことはないよ。好きなことを仕事にすることは素晴らしいことなんだからさ。ただ、あくまでもそれが仕事だってことを念頭に置くことが大切だ。すべてが薔薇色ってわけには絶対にいかないよ。ここで問われるのは君の忍耐と情熱。せっかく好きな仕事に恵まれたんだから諦めるにはまだ早いと思うな。頑張って自分が楽しく働ける環境をちょっとずつ作ってみようよ。ただ、どんなに理想に近付いてもすべてが順風満帆ってわけにはいかないってことも忘れないこと。嫌なことはいつだってあるんだよ。仕事のすべてをコントロールすることはできないんだから。おれだってあらゆる問題に常に悩まされてるんだから。そして大変な思いをすると落胆させられるし、苛立ちだって感じる。だけど、自分は仕事と思って音楽をやってるわけじゃないんだ。それを運良く仕事にすることができたわけで、自分が好きなことを毎日できることには

本当に感謝している。そして、愛している音楽さえやれれば、他の小さいことはどうだってよくなっちゃうんだ。音楽さえあれば、どんな問題だって乗り越えられるんだ。だから、君だって音楽が大好きで、今の仕事が大好きなら、どんな問題だって乗り越えられるよ。その上司だっていずれいなくなるだろうしさ」

●僕も音楽が好きなだけに、仕事と趣味を線引きするのに苦労するんだよね。

「だろうな。そもそもミュージックト・ビジネスっていう言葉自体が矛盾だからさ。音楽の本質はビジネスと180度対比するもんね。だから音楽業界に関わってる人は誰だってそのジレンマを感じてしまうっていう。だけど、もう切り離して考えるしかないんだよね。自分は飯を食うために仕事をしていて、それがたまたま音楽に関わっている仕事だっていう風に。そのふたつが完全に結ばれることはあり得ないんだから。ただ、音楽に対する情熱だけは絶対に失うなよ」

留学したいけど、家庭の事情を考えると足踏みしてしまう場合

人生の悩み

留学をしたくて、頑張って英語を勉強し、お金を貯めている18歳の女性からの悩み。ただ父子家庭なので家事を彼女がすべてやっているうえに、弟はまだ小学生で、父は仕事で忙しい。そんな状況で自分の夢を叶えたいと思うのはワガママなのか？ 家族を思うがゆえの切実な悩みだが、どうする？（18歳、女）

「まず、忍耐強くなることだな。おれも性格的に『今しかないんだ！』って思い込んじゃうタイプなんだけど、人生には忍耐とタイミングはとても大切なんだよね。確かにやりたいことをできないっていうのはすごく腹立たしいことなのはわかるけど、現状を考えるとそれが必ずしも現実的じゃない時だってあるだろ？ だから、まず辛抱できるかどうか判断すること。もし、気にかかることがあるならば、たとえ今その夢を実現しても、完全に満足できないかもしれないからな。あと、君の場合は弟だっていつまでも子供なわけじゃないんだし、父親だって、まあ……。とにかく悩みゼロの状態で留学できるチャンスは必ず巡ってくるはずだって。とはいえ、もう一方で、どうしても今行きたいという話なら、とりあえず家族と相談しなよ。夢と言うけど、すごく切実な夢であり、家族だってそれを理解してくれるだろう。だから、妥協の余地がないわけないだろ？ ただ、どっちにしても、夢を実現するためには何かしらの犠牲が必要なんだよ。忍耐と努力も大切だし。でも、そこで忘れないで欲しいのは、夢を実現するのがたとえ18歳の時であろうと、80歳の時であろうと、その夢が叶った事実は変わりないってこと。逆に辛抱すればするほど、努力すればするほど、その夢がやっと実現した時の達成感はでかいだろうし。全身をかけてその夢を追求したとするじゃん。頑張って家族をサポートしつつ、金も貯めてさ。そして、ようやく留学できた時の自分を想像してみなよ。めちゃくちゃ感動的だと思うんだけどな。なにしろ、それは自分が血と汗と涙を流して手に入れた幸せなんだからさ。頑張ってくれよ」

悩みを打ち明けられて、何をアドバイスしたらいいのかわからない場合

性格の悩み

高校では一匹狼的な存在だけど、時々友人から悩みを打ち明けられる男性から、逆に「どう言葉をかけてよいかわからない」という悩み。人間関係からコンプレックス、果ては友人の父親が事件に巻き込まれて殺されたというショッキングな話まで、打ち明けられる悩みは多岐にわたるなか、人生経験の浅い自分にはとてもアドバイスできない！とのこと。いつも明るくアドバイスしているアンドリューは、人を励ますためにどんな心がけをしているの？（17歳、男）

「友達が君に悩みを打ち明けるってことはすごいことだよ。それだけみんなが君のことを信頼していて、君のことを尊敬しているってことなんだから。おれも友達に深刻な悩みを打ち明けられると感動しちゃうし、そもそもこのコーナーでみんなにアドバイスを求められるのは本当に嬉しいし、いつも感謝している。だけど、自分もよく言うけど、どう答えたらベストなのかわからない悩みは多いんだ。だから、あえて対立した意見をふたつ言ってみたりするんだけどね。ただ、ひとつ確実なのは、アドバイスを求めてる人のほうが自分なんかより、よっぽどその問題について考えてるってこと。だから、おれの助言するアドバイスが相手にとって完全に新しいコンセプトだってことはあまりないと思うんだ。そもそも、悩みを打ち明けてる側は万全の解決策を望んでるとは思えないんだよね。むしろ、彼らのほうが答えを知ってる場合が多いはず。ただ、それを他の人に言ってもらうことによる安心感を求めてるんだと思うよ。特に父親を亡くすという、とてつもなく大きな悲しみを背負ってる友達がさ、君にすべてをすっきりさせてもらうことを望んでるとはとても思えないもんな。そんなの不可能なんだから。だから、もしかして、君のできる最高の思いやりとはその友人の話を真摯に聞いて、精一杯にその悩みを理解してあげることだけかもしれない。そして、『こうするべきだ、ああするべきだ』って助言するんじゃなくて、『元気だせよ。君の父親だって君が悲しむことを望んでないだろうから』って励ますっていうか。とにかく相手にひとりじゃないんだって安心させることを念頭に対応しよう」

のどに剛毛が1本生えているのに気づいて、恥ずかしくてお先真っ暗な場合

身体の悩み

のどにまつ毛ぐらいの長さ&太さ&濃さの毛が生えてるのを発見し(しかも1本だけ)、大ショックを受けている華の17歳の女性からのお悩み。今まで人に見られていたかもしれないと思うと、恥ずかしくて死にたくなる……という気持ち、よくわかります。ただ、その日からそのことばかり考えていて、他のことが考えられないくらい思いつめてしまっている様子。この乙女な悩み、アンドリューはどう受け止める?　(17歳、女)

「前にも乳毛の悩みがあったけど(笑)、今回は毛が生えてたこと自体より、それに気付かなかったから悩んでるわけだから、悩みの本質は違うな。まず、言っておきたいのは、恥をかいた自分を恥に思うなってこと。わかる?　おれの場合は怒ってる自分に対して怒ることがあるんだけどさ。『あんなことで怒らなければよかったな』って自分のことを責めて、更に怒りが増幅するみたいな感じで。それと同じで、恥をかいたことを恥ずかしがったって、それはもう無限に続くだけだからやめよう。

そもそも、その毛に気付かなかったことは、今となってはどうしようもないんだから。誰かがその毛を見て、たとえそれに気付いたとしても、もうとっくに忘れてると思うし。まあ、その間に会ったと思える人、ひとりひとりに『あの時に毛を見たでしょ?』って訊き回るっていう手もあるけど、『は?』って言われるだけだろ?　本当に君のことを愛している友達や家族は君の毛一本のことで、君のことを軽蔑したりはしないはず。ただ、これを教訓に、今後はのどの毛には気を付けよう」

ロックが好きすぎて恋愛に興味が持てない場合

19年間生きてきたが、恋人というモノに興味が持てないという女性の悩み。ひたすらRock、Rock！な毎日で、それはそれでかっこいいとは思うんだけど、友人を見ていると楽しそうで羨ましいから、やっぱり恋もしたい。それでもRockが勝ってしまう根っからのロック娘、これってやばいことなのでしょうか？
（女、19歳）

「いや、かっこいいよ。自分が幸せになれることにどっぷり浸かってるわけだからさ。それはたとえ理科が好きでも、料理が好きでも同じこと。自分が好きなことをやれる人こそかっこいいんだから、それは全然やばくない。他の人と同じである必要はまったくないんだ。君が音楽にそこまで没頭できるのは素晴らしいことで、そうやって自分を満たしてくれる何かをずっと探し求めてる人だって大勢いる。そして、その中には無理に恋人を作って心の穴を埋める人もいるんだ。君はそんなことをしなくていいからとてもラッキーなんだよ。そして、いずれ恋人ができた時、君は素晴らしい関係を築けることになるはず。ヤケになって作る彼氏じゃないだろうし、音楽という幸せが元からあるから、すごく健全な付き合いができるはずだよ。おれが思うに、上手くいく恋愛関係とは、無理して恋してないふたりが結ばれた時にこそ実るんだ」

超高価なバッグを盗まれてしまい、自分の金銭感覚が揺らいでいる場合

人生の悩み

洋楽誌『ロッキング・オン』のNY特派員、中村明美から。死ぬほど高いイヴ・サン・ローランのバッグを、その年はそれ以外何も買わないという決死の覚悟を決めて購入、そして本当に何も買わずにその年の残りを過ごして人生初の快挙と喜んだのもつかの間、よりによってその年の大晦日、ちょっとベンチに置いた隙に誰かに盗られてしまってどん底状態という悩み。これは買い物中毒の自分への神様からの何かのメッセージなのか、やっぱりこんな高い買い物をするべきではなかったのか……お金の悩みは尽きません。(XX歳、女)

「金を使うか貯めるかっていうのは、かなり切実な問題だよな。なにしろ、それだけ金っていうのはおれたちの生活を左右してるからさ。基本的にはみんな金を稼がなきゃいけないわけだし、金を消費しないと物事も進まないんだよな。で、君の場合は自分が頑張って買ったバッグがなくなってしまったから、自分の金に対するモラルを自問するようになったわけだ。果たして自分はバッグみたいな物にそれだけの価値を置くべきかと。おれも昔は物を買うのが好きだった。新しい服をしょっちゅう買ってたし、コミックを集めてたんで、家は物で溢れ返ってた。だけど、音楽をやるようになって、家にいる時間がほとんどなくなってしまった今になって、やっと気付いたんだ。自分は物がなくても幸せなんだと。だから、最近は金を使うとしたら、旅行とか、食べ物とか、映画とか、形として残る物にじゃなくて経験として残るものに使うようにしているんだ。あと、今はやっぱり未来のために金を貯めてるっていうのもある。いずれ赤ちゃんができれば、その子に費やすことができるようにね。一

方で、君が経験したようになくなる物はなくなるわけで、しかも明日は自分だって亡くなる可能性もあるんで、その瞬間を無駄にしないでやりたいことをやるっていうのはおれも同意する。だけどさ、明日にすべてがなくなってしまう可能性って極めて少ないわけだろ。だから幸せを持続させるには何が一番いいかって考えなくちゃいけないんだよ。たとえばバッグや腕時計みたいに高価な物を買うとする。そういう場合は、まずそういった物がどれだけ自分に幸せをもたらすかって考えなくちゃいけない。それは自分でしか決められないことであるし、価値観は人それぞれなんで、何が正しいかは一概には言えない。高価な物で身を囲むことが何よりも幸せと思ってる人もいるわけで、おれはここでそういう人を否定するつもりはないよ。ただ、世界にはマトモな飲み水さえ飲めたら幸せだって思えるほどの状況に置かれてる人も大勢いるわけで。だからって自分の幸せを放棄して、そういう人に水を届けろ、って言ってるんじゃなくて、自由に金を使える自分がいかに恵まれているかってことを考えて欲しいんだ。ただ、おれが思うところ、あなたがこの件について悩むってことは、自分の金の使い方に納得していない証拠なんじゃないかな。自分の楽しみを抑制してまでそのバッグを買ったのに、嫌な思いをしたなら、君は高価な買い物に向いてないのかもしれない。でも、こうやって自分の物欲のモラルについて悩むのはとてもいいことだと思うよ。そして、その答えは必ず自分の中にあるはずだ」

アンドリューがステージでTシャツを脱がないのが謎な場合

特異な悩み

アンドリューは、せっかくガタイがいいのになぜステージ上でTシャツを脱がないのか、悩むというより疑問に思っている16歳の女性。ある意味ラヴコールにも聞こえなくないこのお悩みに対してアンドリューは……？

（16歳、女）

「(笑)ま、ガタイがいいかはわからないけど、自分としては不満のない体だよ。おれは健康にはすごく気を使ってるけど、外見に関してはそうでもないんだ。だからシャツを脱ぐ必要性を感じないし、むしろ抵抗を感じるぐらいなんだよ。たまにライヴ中になんかの拍子でシャツが裂けちゃうことがあるけど、自分から脱ぐことは決してしない。それについては深く考えたことないんだけど、なんか自分らしくないっていうか。世の中にはシャツを脱ぎたがる連中は他に大勢いるから、そういう人を見て楽しんでくれ」

好きになってしまった相手がゲイで、それでも友達でいたい場合

恋愛の悩み

とてもフィーリングの合う、同じ学校の留学生の男性に出会った19歳の女性。今までまともに気がある男性と仲良くなったことがなかったのもあり、それはもう好きになってしまったのだけど、会話から彼がゲイで彼氏もいるということが判明。もともとゲイの人は魅力的だと思うタイプなので、知った時はそこまで深刻に思わなかったものの、深まるばかりの彼との仲にやるせない思いを抱くように。性別云々じゃなく人間としてとても素敵な人なので、彼とはこれからも友達でいたいと純粋に思うからこそ、ただ「恋人になりたい」じゃなくて、「私は本当はあなたの恋人になりたかった」という思いを伝えたいが、そうすることで彼が自分を見る目が変わってしまうかもしれない。片思いに終わった恋を相手に伝えることは自己満足でしかないのか？　（19歳、女）

「いつも言うことだけど、コミュニケーションは人間関係において何よりも大切なんだよ。だから、自分の心を打ち明けることは決して悪いことではない。で、君の場合は、まず逆を想定してみるっていうのは？　自分が男に興味のないレズビアンなのに、親友の男性にそうやって気持ちを告白されたとする。それって不愉快か？　どっちかっていうとすごく嬉しいんじゃないか。だけど、それ以上のことを彼に求めようとは思わないだろ？　なにしろ自分は女性が好きなんだから。だけど、そうやって告白されることで、逆にお互いに対する理解を深めて、より親密な友人関係を築けるんじゃないか。ただ、告白したことによって関係がこじれるリスクがまったくないとも言えない。ともあれ告白したいという気持ちに悩まされるぐらいなら、そのリスクは負ったほうが君にとっていいとは思うな。ただ、なるべく彼のプレッシャーにならないように伝えることと、自分も何も期待しないこと。君が告白したからって、彼が『じゃあ、付き合おうか』ってなる可能性は極めて低いわけだからさ。ま、そう思うと、わりと楽に告白することができるんじゃないか？　上手くいくと思うよ」

教師とはどうあるべきなのか、と旦那が思い悩んでいる場合

仕事／学校の悩み

旦那がその道15年以上のベテラン教師なのだが、近頃元気がない。よくよく話を聞いてみると「教師のあり方」で悩んでいるという。アンドリューが学校生活で出会った良い教師などのエピソードがあれば、それを話して旦那を励ましてあげたいという奥様からの悩み。教師たるもの、どうあるのが一番正しいのだろうか。 （28歳、女）

「まず、自分は先生じゃないし、あなたの旦那さんがどういう教師なのかわからないから、ちょっと答えにくいな。ただ、ひとつ言えるのは自分が担当している学科をただ単に教えるんじゃなくて、生徒を人間として育てることも念頭に置くこと。って偉そうに言ったところで、旦那さんもそんなことはわかり切ってるとは思うけど……。でも特に生徒が若いなら、人生の大先輩として、彼らのこれからの人生のためになるようなことを授けるべきだよ。いや、大人を教えているとしてもそれは一緒。授業内容だけじゃなくて、クラスを出た世界でも生徒たちが使える知恵や技術、経験を生徒たちに伝授できれば教師としての役割を果たしていると言えるんじゃないか。おれが影響を受けた先生もみんなそういう人たちだった。別に授業内容云々より、おれを励ましてくれて、おれを助けてくれた先生のほうが印象に残ってるもんな。もちろん、人それぞれなんで、そういうのを得意としてなかったら無理することはないし、逆にその科目を忠実に教えて、絶対に生徒にそれを学習してもらうことに専念したほうがいいと思うけど。とにかくそれが学問であろうと、人生経験であろうと、生徒に何かを授けること。あなたの旦那さんはすごく恵まれた立場にいる。そうないよ、多くの人に見上げられて、その人たちに影響を及ぼすことのできるところにいる人って。だから、その立場を最大に活用して、できるだけ生徒にいい影響を与えることを志して教壇に毎日立って欲しいな」

悩みを持つことが傲慢に思えて、罪悪感を感じてしまう場合

性格の悩み

悩みを持つことに対してどうしても罪悪感を感じてしまうという17歳の女の子からの悩み。ただでさえ恵まれた国、環境で生まれ過ごすことができているのに、それ以上を求めて悩んだりするのがすごく傲慢なことに思えてしまうという。もちろん、自分にも悩みはあるのだけど、その悩みを考える前に罪悪感を感じてしまってうまく先に進むことができない。どうしたら自分を説得することができるのかという、ある意味とても立派な悩みにアンドリュー、よきアドバイスを。　(17歳、女)

「君の気持ちは100％理解できるよ。こう思う人は少なくないはずだし、特に君とかおれみたいに恵まれた環境で生活する人間はなおさらだよな。アメリカ、そして日本もそうだと思うけど、嫌なことを排除して、国民全員の生活水準を高め、みんなが過ごし易い環境を作り上げてきたんだよね。だけどさ、快適な生活は必ずしも満足できる生活とは言えない。そもそも、達成感というのは、どうしても逆境の中で成し遂げたほうが感じやすい。困難っていうのは生活に必須なんだよ。だからこそ、どんなに生活水準に恵まれていても、苦しみや悩みを抱えるのは人としてごく自然なことなんだ。それを求めるようにできているんだから、人間は。だからさ、悩みを抱えてることに悩むことはないんだよ。おれだって素敵な家族や友達に恵まれてるし、他の人が味わえない体験をたくさんしてきたけど、それでも機嫌を損なうことがある。それって人間としてしょうがないことなんだ。君が自分の生活環境が恵まれていることを理解しているのはとてもいいことだよ。それに罪悪感を感じるんじゃなくて、それを無駄にしないように精一杯生きること。そしたら、それだけ自分の人生にありがたみを感じられるようになれるはずさ」

思いもよらない類の清潔そうな人から痴漢にあってしまい、次会ったらぶっ飛ばしたい場合

生活の悩み

今まで痴漢は外見でも「痴漢」とわかる人(汚くて怪しい人とか欲求不満そうなオヤジ)だけだと思っていたのに、この前、すごく清潔感のある学生っぽい人に「ブツ」を出されてしまって(しかも学校の目の前で!)ショックを受けている女子からの悩み。それ以来、いつもピリピリしていて最近すごく疲れてしまうんだそう。次にその痴漢にあったらぶっ飛ばしたいそうなので、アンドリュー、男性代表としてよきアドバイスを!

(17歳、女)

「そりゃあ、トラウマになるよな。だけど、君は被害妄想には陥ってないようだから、大丈夫だとは思うけど。確かにこういう事件があると人間不信になってしまうのはわかるけど、これだけはわかって欲しい、これは決して君のせいじゃないんだ。だからそういう最低人間の行為のために君が落ち込むことはない。あと、絶対に警察に通報するべきだよ。今後、犠牲者を増やさないためにも。それと人は見かけによらないってのもいい教訓になったはず。うちのクルーにビッグ・ダディっていうやつがいるんだけど、髭もじゃで、髪の毛もボサボサで、いかにも危険人物って感じの風貌でさ(笑)。だから、よく深夜のスーパーとかで、ホームレスと勘違いされて、追い出されちゃうんだ。酷い話なんだけど、そういうのを聞くと自分も人のルックスに対して似たような偏見はあるのかな、と考えたりする。当たり前のことだけど、人を外見だけでは判断するのはよくないけど、逆にいかにも危険そうに見える人はやっぱり用心するべきだし……。その見分け方は難しいけど、そこは自分が危険な目にあわないように上手く頭を使うしかないんだよ」

悩みがないかと考えていたら特に悩みがなかった場合

性格の悩み

アンドリューに悩み相談したいと思い、何かあるかと考えていたら、自分に悩みがないことが発覚してしまった！という男性。今では「悩みがない」ことが悩みになっちゃったらしい。

（20歳、男）

「ぎゃははは、最高だな。とてもクールな悩みだよ。だけど人間ってどんなに上手くいってても、絶対に不安や怒りを感じるようにできてるんだよ。でもさ、もし君が本当に悩みがなくて、心の底からハッピーであり、しかも何に対しても前向きに考えられるなら、それは素晴らしいことだよ。気にすることない。みんなもそうなれればいいと思うよ」

●だったらこの連載なくなるよ。

「あ！」

両親の離婚で自分の名字が変わり、自分をどうアイデンティファイしたらいいかわからない場合

人生の悩み

両親が離婚することになり、離婚自体には自分も納得しているのだけど、名字が変わることに対してすごく戸惑っているという男性からの悩み。夜になると自分がふたつに引き剥がされるような感覚に襲われ、眠れなくなることもあるんだそう。こんなときって、自分をどうアイデンティファイすれば落ち着けるの、アンドリュー？

（21歳、男）

「まず、名字のことだけど、実はおれの名前は父親と母親の名字を合体させたもんなんだ。父親のWilkesと母親のKeierを足して、Wilkes-Keierっていうんだよ。だから名字なんか、どうにでもなるもんじゃないか。そもそもアメリカでは親が離婚したから名字が変わることってあり得ないし。恐らく名字が変わるってことは、父方の名前を失うってことなんだろうけど、だからって父親と一緒に過ごしたことで養われたアイデンティティも失うことはないんだよ。あくまで離婚を決意したのは君の親。親が離れ離れになるからって、君も一緒になって親と疎遠になることはないんだ。もちろん、前と同じってわけにはいかない。だけど、君の両親に対する愛情が変わることはないだろ？ これまでふたりが君を育ててくれたという事実は変わらないし、ふたりとも君にとって掛け替えのない人間だろ？ 心配するのはわかるよ。だけど離婚という状態を修復することは不可能に近いんだから。その問題にいかに自分が潰されないかが大事なんだよ。そして親がお互いと一緒にいたくないからって、君と一緒にいたくないわけじゃないってことだけは忘れないこと。どうやら、君は両親としっかりと離婚について話しているようだね。すごくいいことだ。これから更にコミュニケーションを図ることが大切になってくるはずだからな。」

「大人の男」がわからない場合

人生の悩み

先日30歳の男の人と飲みに行ったら、お酒が入ってくるにつれ、初対面なのに触ってきたり、挙句の果てにはキスも迫られてしまって、それ以来大人の男性=手が早いというイメージがついてしまったという悩み。その後はなんとか拒んだけれど、あやうくホテルに連れ込まれるところだったとか。30過ぎた大人の男性には段階などないのだろうか!? アンドリュー、大人の男ってみんなそうなの？

（22歳、女）

「まず30歳ってそんなに年上ってわけじゃないよな。30はまだまだ若いし、人生経験もそれほどないかもしれない。だから、逆に若いからこそ、段階がきっちりあることを理解してないのかもしれないよ。でも、もしこの男のことが好きなら、それをしっかりと言ってやるべきだ。最終的には大惨事にならなかったから良かったけど、君がいかに不快な思いをしたかは知らせるべきだよ。ただ、おれが思うに年上の男のほうが、性欲の塊のような若い男より、よっぽど温和で、優しくて、紳士的なんじゃないかな」

●日本の若い男はわりとシャイだから、経験のある年上の男のほうが馴れ馴れしく感じてしまうのかも。

「なるほどな。ただ、『大人の男性=手が早い』って決め付けても仕方ないだろ。だから、もし好きな男がそういう態度を示すようだったら、それを『大人だからしょうがないや』って片付けるんじゃなくて、『それはおかしい』とハッキリと言ってやるべきだよ。そうすることによって、お互い気持ちいい関係を築くことができると思わないか？」

電車の中で大きいほうを我慢できない場合

身体の悩み

電車の車掌をしている男性から、乗務中によくウンコをしたくなるという悩み。最初は我慢しているのだが、お腹が痛くなって下痢になってしまい悲惨な思いをしてしまうんだそう。まさか途中で電車を止めてトイレに行くこともできないし（片道約55分）……という危機的状況。アンドリューはライヴ中に下痢になったことはある？　やっぱりそこは気合で対処なの？

（31歳、男）

「とてもいい質問だ。おれもよく地下鉄に乗ることがあるんだけど、すぐオシッコいきたくなるんだよな。おかげで、何度かかなり酷い目にあったことあるよ。ただウンコはなかなかないな。ウンコってわりと気合で我慢することができるからさ。で、ライヴの話なんだけど、おれはライヴをやる前に必ずウンコをする。というのも、必ず体がそのタイミングで排泄を求めるんだよ。ライヴという極めてフィジカルで、消耗的な行為に出る前に、体が余計なものを自然と排除したがるらしいんだ。スッキリさせるっていうかさ。だから、ライヴの直前に2回行ったりする時もある。だけどさ、時間の都合でトイレに行けなかった時が前にあってさ。実はオズフェストに出演した時なんだけど……。しょうがないから我慢していたんだけど、ジャンプした拍子に、思わず力みすぎて、出ちゃったんだ、ウンコが」

●マジで？　最悪だなあ（笑）。

「へへへ。あまりにも突然な出来事だったんで、こっちも動揺しちゃってね。なにしろ『ジャンプ、ブチュッ』って感じで、前ぶれがまったくなかったもんでさ。オズフェストってでかいスクリーンがステージ上の動きを常に映し出しているんだよね。しかも、おれってステージ上ではいつも全身真っ白だろ。だから、みんなにバレちゃうと思って、もう、冷や冷やだった。絶対に最後まで後姿を観客に見せないようにかなり苦戦したよ。だけどラッキーだった。ライヴが終わって、すぐにズボンをチェックしたんだけど、ただ濡れてるだけで、茶色く染みてなかったんだ。どうやらパンツが下痢を濾過してくれて、ただ水が滲み出てる感じでさ。うん、本当にあれは幸運だったな」

●(笑)汚いなあ。それにしてもロック・スターだっておもらししたりするんだね。

「ぜんぜんありだよ」

●でさ、この人はどうしたらいいの?

「あ、そうだ悩みに答えるのを忘れてた。えっと、ま、電車に乗る前に用を足すっていうのが妥当だろ。そうじゃなければ、オムツを買おう。一番、安全だよ。そしたら、もよおしても、まったく気にすることないから。座ってるだけで、気分爽快!」

性格の悩み

外国人に夢中なのに、積極的に接することができない場合

日本人男性を異性として見られないほど、外国人に夢中になっている女性。なのに英語もまともに話せず、自分から接していこうという積極性もないという悩み。CD販売をやっているので、職場で外国人のお客さんと触れ合うこともあるから、音楽をきっかけに話してみようとは思うんだけど、話せないまま。極めつけは、隣人がアメリカ人でここ1年何度も顔を合わせているくせに、いまだに挨拶したこともない……。外国の人とスムーズに話すにはどうすればいいの？　（34歳、女）

「まず、日本人の男性全員が好きじゃないっていうのはどうかと思うけど、そうやって人種や国境を超えて、人に惹かれることはとても素敵だと思う。おれが思うに、未来は人種という概念が完全になくなり、本当の意味で人類ひとつって感じになるんじゃないかなあ。文化の違いというのは尊重するし、大切だと思うけど、それだけに固執するのはあまりにもつまらないもんね。いつかそうやって人種や国境が完全になくなるのは本当にクールだと思うし、誰とでも気軽にコミュニケーションができる世界がおれの理想だ」

●確かに。だけど彼女の問題はそこにないと思うんだけど。

「いや、だけどそういう志は本当に大切だと思うんだ。で、悩みだけど、とにかく話し掛けてみたらいいじゃん。相手だって君が英語が堪能だとは思ってないだろうし、そもそも日本にいるんだから日本語で接してもそれは不自然じゃないはず。日本にいる外国人の大半は日本に興味があるから日本にいるわけで、むしろ、彼らのほうが日本人と交流したがっていると思うよ。だから相手が外国人だっていうことをあまり気にしないで、普通に接するのがベストなんじゃないか。特にお店に来る外国人は君の言う通り、絶対に音楽に興味ある人たちなんだから、すぐに会話はできるはずだよ。おれだって日本に行くたびに、大勢のファンと接するけど、なんとかコミュニケーションはできているんだから。お互いのことに興味があれば、言語の壁なんてすぐに克服できるはずだよ」

歳をとるのが怖い場合

人生の悩み

時が過ぎて歳をとっていくことが怖いという悩み。明日が今日になり、今日が昨日になっていくという時の流れは、アンドリューにとって怖くはないの？
（20歳、男）

「強烈だな。いい質問だよ。おれが思うに、人生とは時の流れでしかないんだよ。だから、君が直面しているのは人生の現実そのものなんだ。だけど、時間というコンセプトは実に難解で、それを完全に把握している人なんていないんだよ。たとえばさ、君にとっての1年は、他の人にとっての1年と同じ長さとは言えないだろ？　わかる？　1日が一瞬で過ぎていく日もあれば、永遠に思える時もあるみたいなさ。だから、実体のないまま、自分の時間がなくなっていくことに気付き、不安になっちゃうのはすごくわかるよ。だけど、これからずっとその現実と向き合わなきゃいけないのも事実。だからこそ、自分の時間を精一杯に満喫する必要があるんだ。1分1分、1秒1秒を大切にして、そこに無駄がないようにしないとさ。人生はいつか終わるんだ。だけど、残酷にも時は進む。その事実に怖気づいてもしょうがないよ。時間があるうちは楽しもうぜ。いつかは必ずなくなってしまうんだから」

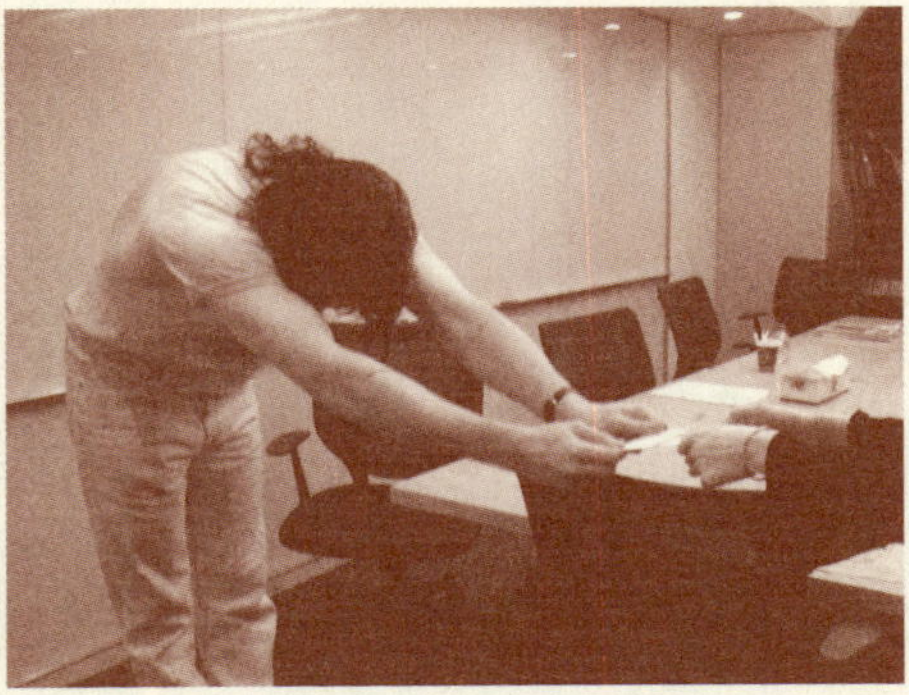

変なおばちゃんに デパート内を追い掛け回される 夢を見てうなされる場合

特異な悩み

最近、すごく頭にパンチのきいているおばちゃんにデパート内を追い掛け回される夢を見てうなされているという17歳男性からの悩み。なんでもそのおばちゃんは、スーパーの袋を持ち、インライン・スケートを履いて追いかけてきて、時々ヘッドスライディングまでかましてきて足首をつかもうとするんだとか。毎晩うなされて起きてしまうほどの変な夢、一体何なんでしょう。

（17歳、男）

「どんなものか想像してるんだけど……。っていうか、これって日本人のおばちゃんのことだろ？　最初はアメリカ人のおばちゃんを想像していたから、今、日本人のおばちゃんに想像の設定を変えてみるね……うむ、さっぱりわからん」

●（笑）。

「いや、おれだって変な夢はよく見るよ。最近よく見るのは、鉛か水銀か、何トンもあるそういう物質の塊がボヨンボヨン飛んでたり、針の上で微妙にバランスをとらされていたり、とにかくそういう夢をしょっちゅう見るんだ。めちゃくちゃ奇妙で、ハラハラさせられるし、とにかく怖いんだよな」

●なんじゃ、それ。

「あ、そう言えば、夢の話なんだけどさ、実はとんでもないことをしちゃってね……夢精しちゃったんだ」

●（大爆笑）マジで!?

「マジだよ。生まれて初めての夢精だったんだ。昔はすごく憧れていて、12、13歳の時なんかは、今日こそ夢精しないかなあ、って毎晩眠る前に思ってたぐらいなんだよ。だけど、最近はそんなこと気にもしてなくて。そしたらいきなりしちゃったっていう。起きる寸前の出来事だったんだけど、マジでビビったよ。えっと、自分が育った家の内容はというと、トイレで見知らぬ女性とふたりでいやらしいことをしながら、それをビデオで録画しているという夢だったんだ。よく憶えてないんだけど、すごく短くて、一瞬で終わってしまって。だけど、素晴らしい体験だったなあ。是非ともまた経験してみたい」

●(笑)。今日はずいぶん話がそれるなあ。別にいいんだけどね。

「だってさ、おばちゃんとインライン・スケートだぜ。わかんないって、そんなの。でも夢についての本ってすごく読み応えがあるし、色々と出てるから、図書館にでも行って、君の見た夢を調べてごらん。絶対に君の夢を具体的に分析している本があるから」

●絶対にないな。

「(無視)ひとつ思うには、夢が現実だってこともありえるよな。そういう映画とかあるじゃん。実は現実が夢で、夢と思ってたのが現実だったりするやつ。だから、もしかしたら君がその夢を見ている時は、現実に戻ってるのかもしれないよ。そして、この『悩み相談』を読んでる君は、実は夢を見ているのかもしれない。怖い怖い」

「ハイ」になりたい気持ちがわからない場合

人生の悩み

アメリカ人の夫が「ハイになる」ということにやたらこだわる気持ちが分からないという女性の悩み。旦那さんは現在28歳、20歳の頃から現在までずっとマリファナをやっているそうなのだが、それ以外にはアルコールもタバコもやらない。「ドラッグをキメる」というのは、傍目にはカッコよく聞こえるかもしれないけど、実際、自分の夫がそうであると困ったこともあり、迷惑している。それに、ドラッグをしてまで「ハイ」になりたい気持ちがわからないとのこと。そもそも「ハイになる」とは人間にとって必要なことなんだろうか？

（XX歳、女）

「確かに『ハイ』になる経験はすごくパワフルなもんなんだよな。人生観を変えさせられるほどだよ。ブラック・サバスがマリファナについて歌った〝スウィート・リーフ〟という曲に、〝おかげで自分のマインドを知ることができた〟っていう歌詞があるんだけど、まさにその通りなんだよな。おれもマリファナをやって、自分の新たな側面を発見することができたからさ。だけど、それってマリファナに限らなくても、どんな経験にも言えることなんだよな。たとえば人前で歌ったり、世界を旅したりさ、そういう経験を積めば積むほど自分という人間をより知るようになるっていう。ドラッグもそういう経験のひとつとしておれは考えている。ただ、ここで注意して欲しいのは、自分は21歳、つまりかなり人生経験を積んでから、自分の意志で酒やマリファナに手を出したってこと。自分の人格がしっかりと確立されてから経験したことなんで、『ハイ』になることをコントロールすることができたんだと思う。でさ、君の旦那さんも自分なりに『ハイ』になる理由はあるはず。だから、それをちゃんと聞いてみるべきだよ。それと、なんで自分がマリファナを嫌がるのかってこともキッチリと説明する必要もある。ただ単に『ドラッグはダメ』って言っても、おれが彼女に『その音楽は最低だから聴くな』って言ってるのと同じなんだからさ。価値観は人それぞれなんだから、オープン・マインドで接するのは大切。もちろん旦那が毎日のようにラリラリになってるっていう話だったら、それは明らかに問題だけど。何をするにも適度っていうのはあるからさ。飴玉が好きだからって四六時中食ってるのはおかしいもんな。でも日本ってドラッグに対して厳しいんだよね。なので、ひとつ疑問がある。マリファナを酒と置き換えても、果たして君は同じ不快感を覚えるのだろうか？　そうじゃなければ君はマリファナに対する理解を深める必要もあるかもね」

●人間って「ハイになること」を必要としていると思う？

「必要じゃないかもしれないけど、どこかでそれを求めてるってのはあるんじゃない？　普通の世界から逸脱した側面を見たい、そういう世界を経験したい、という願望は誰にでも絶対にあると思う。そして『ハイになる』とはつまりそういうことなんだよね。でさ、そうやって他の世界を知るってことは、自分の世界に対する理解を深めることにも繋がるんじゃない？　『ハイになる』というコンセプトは古代からずっとあるから、やっぱり人間には必要なのかもしれないね。ただ、マリファナが違法だってことは忘れちゃいけないよ」

彼女が処女だった場合

同い年の彼女と付き合い始めて、最近、彼女が処女だということを知った男性。軽い気持ちで付き合うつもりはないけれど、このまま肉体関係までいってしまうと何かとてつもないことになっちゃいそうな気がする。彼女のことは好きなんだけど、まだ彼女に落ち着く気もない。これまでは付き合ってきた子と普通にセックスしてきたけど、この歳になって処女と聞くと……と、尻込みしてしまっているみたい。男ってやっぱりそういうもんなの？　（25歳、男）

「そうだな、別に処女だからっていうんじゃなくて、セックスっていう行為自体をもっと重んじてもいいんじゃないか。男ってセックスを軽く見ちゃう傾向があるけど、肉体関係ってすごく強烈なことなんだよね、実は。おれはカジュアル・セックスは気に食わない。セックスはカジュアルじゃないからこそ燃えるんじゃないか？　コンビニでバーガー買う感覚でセックスしたって何もおもしろくないだろ？　やっぱりそこからふたりの間に特別な関係が生まれるっていうのがセックスなんじゃないか？　で、もし、そういう関係になるのが嫌なら最初からセックスなんかしなければいいだけの話」

●そうだね。だけど、彼の場合は彼女のことが好きなんだけど、やっぱり相手が処女だってことにビビってるって感じなんじゃないの。

「うん、そうだろうね。だけどさ、処女とかさ、どうでもいいじゃん。初めての経験というのはセックスじゃなくても何をやるにもあるわけだから。それよりもっと大きな問題について君は考えるべきだよ」

恋愛の悩み

人生の「目標」がない場合

人生の悩み

「いい年こいて目標がない」、と嘆いている男性。大学に在籍してはいるものの、毎日遊びほうけていて留年してしまう始末。なんとなく1日が過ぎていく日々に焦りのようなものを覚えつつ、どうしたらいいかわからず途方に暮れている毎日。アンドリュー、彼にぜひ喝を入れてやってくれ！
（22歳、男）

「やればいいんだよ！　わかるか？　だってさ、やりたいことをやれない時だってあるんだよ。だから、やりたいことをやれる今を大切にして、やりたいことをやればいいってこと。おれも学生時代にさ、いつもあれをやりたいこれをやりたいって思ってて、だけど学校があるからやれなくて。それで毎日イライラしてたんだけど、いざ休日になるとただダラダラしちゃったりしてさ。それでまた学校行ってイライラしているっていう。アホくさいだろ？　喝を入れてくれってことだけど、そんなことは自分でやれよ。自分を動かせるのは自分しかいないんだから。とにかくやりたいこと、それがどんなに面倒なことでもやりたいことをやれよ。大変でも、それが本当にやりたいことだったら、実は楽だったりしちゃうんだから。頑張れよ」

仕事／学校の悩み

陰口を叩き合う職場で人間不信に陥ってしまいそうな場合

バイト先の人間関係について悩んでいるという男性の悩み。みんな表面上はとても仲が良いようにしていても、陰ではお互いに悪口を言い合っているとのこと。彼としては「言いたいことがあれば本人に直接言えよ」と思っているので、陰口を聞くとすごくイヤな気持ちになってしまうんだそう。相性の良い悪いはあって当然だとは思うけど、さっきまで仲良くしゃべっていたはずなのに、いなくなると「あいつムカつくわ」とか言っている人を見ると人間不信になってしまいそうだという。こういう空気を変えるためにはどうしたらいい？

（21歳、男）

「まず、人の悪口を絶対に言わない人っているのかな？　どんなに崇高な人間でも、やっぱり人の文句は言ってしまうんじゃないか？　そもそもおれはそれが必ずしも悪いことだとは思わないんだ。というのも、溜まったフラストレーションを健全的に晴らす機会だったりするからさ。直接、相手に『おまえ嫌いなんだよ』って言ったところで、喧嘩になりかねないもんね。だけど、バイト先で毎日のように、みんながお互いの悪口を言ってたら気分悪くなるってのもわかる。自分も何を言われているかわからないし。なので、とりあえず『ま、あいつはそんなに悪いやつじゃないじゃん。あんまり悪く言わないほうがいいんじゃないの』ってやわらかい感じで言ってみるのがいいんじゃないの。そうすれば、少なくとも、君がいる周りでは悪口を言わなくなるだろうからさ。でもさ、面白いのは、君だって、そうやって悪口を言ってるやつらの文句をここでたれてるわけなんだよな。だから君は相談の中で、自分の悩みに既に答えてるんだよ。要するに『言いたいことがあれば本人に言えよ』ということ。もし、悪口を言ってるやつらを不快に感じるなら、それはちゃんと相手に知らせるべき。自分もそう思うだろ？」

ハードロック好きだけど『ロッキング・オン』を愛読している場合

ハードロック愛聴者からのお悩み。ハードロック・マガジン『BURRN!』より、話の内容が面白いリアル・ロック・マガジンの『ロッキング・オン』を愛読しているらしいんだけど、好みと違う雑誌を読むのっておかしいこと？（36歳、男）

「はははは。いい悩みだ。確かに日本だとハードロックは『BURRN!』だよな。おれもインタヴューを何回か受けたことあるよ。確かに『ロッキング・オン』とはぜんぜん違うよな。『BURRN!』も楽しい雑誌だと思うけど、『ロッキング・オン』のほうがヴァラエティ感はあるし、記事は読めないけど、写真が良いし、本当に素晴らしい雑誌なんで、みんな読んだほうがいいとは思うんだけど――」

●ちなみにこれは本当の読者から送られてきた悩みで、宣伝じゃないよ。念のために。

「（笑）。だけどさ、そうやって自分の趣味に特化してない雑誌を読むっていうのは実にいいことだと思うよ。だから、これは悩むべきことでは決してなく、むしろ自分の視野を広げる絶好の機会なんだよ。個人的におれは音楽誌をあまり買わないんだ。それより、まったく知らない世界が特集されているような雑誌のほうがいつも興味深く読める。だから、君も音楽以外の雑誌もどんどん読むべきだよ。釣り雑誌とかさ。あと女性誌もお勧めだ。あれこそ完全に未知の世界だもんな。なんか女性ってメイクやら、スタイルやら、色々と心配しなきゃいけないから大変だな、って読むたびにめちゃくちゃ感心しちゃうよ。こっちはTシャツを着るだけなのに。あと忘れてはいけないのは、エロ本」

宗教との距離のとり方がわからない場合

人生の悩み

宗教との距離のとり方がわからない、30歳男性からの悩み。曰く、アメリカ、イギリスでは身近な宗教だけど、日本で生活していると大体の人はまったく別世界の話として捉えている。何か差別的な殺人や戦争に絡んでいたりすることという、偏見を持ち、深く考えないのが日本人であると思っていたとのこと。だからといって宗教に反対しているわけではないのだが、この2、3ヶ月の間で、友人ふたりが宗教が原因で精神的にダメージを受け、自分自身も、付き合っていた彼女が宗教を信じていたことにすごくショックを受け、精神科に通うようになってしまったという。まったく身近ではなかった宗教をいきなり目の前に突きつけられて、入院するかもしれない状態にまで追い詰められている相談者。アンドリューは宗教をどう捉えているの？

（30歳、男）

「そうかあ。まず、君の友達の症状だけど、それは宗教のせいでそうなってしまったっていうより、元々そういう精神的な病を患っていたから、宗教にはまってしまったっていう可能性のほうが強くないか？ だから、友達も宗教に頼るんではなく、君みたいに専門家に診てもらうのがいいと思うよ。だけどな、おれも宗教というのは本当に興味ないし、結構、否定的に思ってるとこもあるんだよ、君と同じように。もちろん、宗教の教えの多くは素晴らしくて、真っ当に従えば『いい人間』になれるってのもわかるけど、だけどさ、常識があればそんなこと宗教なんかなくてもわかるようなことばっかりなんだよね。しかも、すごく寓話的な側面もあったりするしさ。もし、まともに育てられた人間であれば、そんなおとぎ話なんか関係なく善悪をわきまえることはできるんじゃないか。要するに宗教はガイドラインにすぎないんだよね。だから、それを狂信的に従うのはおかしな話なんだよ。でも、どうしてもそうなってしまう傾向が人間にはあるらしくて、それで戦争とかにまでなってしまうという。アメリカの大統領(ブッシュ)だってそうだ。すごく宗教的な人間で、そのためにたとえばゲイが嫌いだったり、とにかく自分の宗教の教えに従わない人間を毛嫌いするんだよね。だってさ、アメリカには、教会に通わない人間は地獄へ落ちるとか本気で思っているキリスト教徒がいたりするぐらいなんだぜ。宗教が悪いって言ってるんじゃないし、信仰が強くても、それで本当に『いい人間』になれるならいいと思うけど、だからって盲目的になるのはマズイと思う。それだけは気をつけて欲しい」

彼氏に経済力がない場合

8年付き合っている彼氏がいる、26歳の女性からの悩み。そろそろ結婚したいと思っているのだが、彼氏に経済力がない。一応バイトをしているが、ローンなどの支払いで貯金どころか生活費さえままならない状態。一緒にいて楽しいし、大好きなのだが、結婚となると経済力も必要になる。このまま結婚すればお金のことで苦労するのは目に見えているし、別れたほうがいいのではと思った時もあったそう。今は彼氏が変わってくれるのを待っているらしいけど、やっぱりお金より愛を取るべきなのか？（26歳、女）

「なるほどな。もっともな悩みだよね。これから結婚を考えているカップルなら、安定したスタート地点から結婚生活を始めたいと思うのは当たり前のことだからさ。でもな、おれが思うには、ある意味、君が悩んでいるってことは、もう答えは出ているってことなんだよね。そうやってお金のことで不安に思ってしまう自分の恋愛感に不安を持っているっていうか。要するに彼のことを心の底から愛しているのはわかってるのに、不安を持つ自分を不安がってるわけだろ？おれも君と同じで、確かに経済力というのは大切だと思う一方、それが純愛より大事かっていうと、そうとは思えないタチなんだよな。あと、ひとつ疑問に思うのは、なんでそんなに急いで結婚する必要があるの？ 別に一緒にいて楽しいならそれだけでいいじゃん、っておれは思うんだけど。そうやって結婚のプレッシャーに自分の恋愛を支配されちゃうのはあまり健康的とは思えない。そもそもまだまだ若いんだし。もうひとつ、本当に彼のことが好きなら、自分の不安を彼と相談すること。彼だって君のことを失いたくないなら、もっと努力するかもしれないし、定職につくかもしれない。どちらにせよ、もし結婚するならこれからふたりのチームワークはすごく大切になってくる。だったら今からその基盤を築き上げたほうがいいんじゃないか。これから人生は嫌なこともいっぱいあると思う。そしてそんな時、結局、支えになってくれるのは自分のことを愛してくれる人たちなんだよ。金にハグされることはあり得ないんだから」

妻と子供にロックを支持してもらえない場合

音楽の悩み

妻(32歳)と子供3人(小2、小1、1ヶ月)が、誰ひとりロック音楽を支持してくれないと嘆くお父さんからの悩み。やかましいの一言で片付けられ、いつもひとりでヘッドフォンで聴いている状態だそう。夢は家族でロックコンサート参加らしいんだけど、どうすれば家族にロックを好きになってもらえるんだろう?　(34歳、男)

「はははははは。スゴイな、それ。普通なら、親がロックを聴かせてくれないという悩みだと思うんだけど、まったくその逆なわけだ(笑)。まあ、一番上が小学2年生ということなら、まだ若すぎるんだろうな。ロックは子供にとっては刺激が強すぎるかもしれないから。しかも、ガンガンにロックを聴きまくって、興奮してる父親には恐怖さえも感じてるかもしれないし。『うわっ、パパが狂ってしまった』っていうか。でもさ、そんな環境で育った子供はいずれロックに目覚めてくれるだろう。だから、まだ心配することはないと思うよ。まあ、ロックにこだわる必要はないとも思うけど。おれの家族の場合も、親父が好きな音楽と自分が好きな音楽はぜんぜん違うんだ。でも、共通して好きな音楽もあって。そう言えば、この間、ミシガン州の実家に帰ったんだ。で、帰りに両親と弟、家族全員が空港まで見送りに来てくれたんだけど、車の中でみんなで歌える曲を考えてさ。それで共通して歌える曲はミュージカルの曲ばっかりってことになったんだ。だから、みんなで車の中で大声でミュージカルの曲を歌ってたんだ。すげぇ楽しかったよ」

●え、それって最近の話?

「そうだよ。ミュージカルの曲ってエモーショナルで、場合によっては激しかったりするからさ、すごく盛り上がっちゃって。だから、家族全員が共通して好きな音楽としてずっとあるんだよ。だから、ロックにこだわらなくてもそうやってみんなで楽しめる音楽を探すっていうのもいいんじゃない？　そして、そういう共通点を導き出したら、いずれロックのよさもわかってもらえるんじゃないか。とか言って、子供は親が耐えられないような音楽を聴くのが普通だと思うけど、そういう覚悟をしといたほうがいいとも思うよ。特に親がロック好きなら、更に過激な音楽を求めるようになる可能性が高いからね」

周りに洋楽を聴く友達がいない場合

ロックが大好きな中3男子から、洋楽を聴く友達がいないという悩み。友達はたくさんいても、洋楽の話をすると自然にJポップの話に移ってしまう。大人になったら音楽をやりたくて、そのためには洋楽を語れる友達が周りにいたほうがいいと思うけど、どうやったらみんな洋楽を好きになってくれるのか？無理に聴かせないほうがいいのだろうか？　（14歳、男）

「お、若いなあ。いいね。で、悩みなんだけど、まず友達に何を求めているのかを見極めるべきだな。おれもこういうことをよく考える。特に恋愛になるとなおさらで、自分が好きな音楽を彼女が理解してくれないと、すごく落ち込んだりするんだ。前に彼女と音楽のことですごくもめたことがあって、すごく混乱しちゃったんだよね。確かにたかが音楽かもしれないけど、自分にとってはすごく大切なことで、それを好きな人に理解してもらえないのは本当にストレスでさ。その時、友達に『別に彼女に求めるのは音楽の趣味を共有できる人間なわけじゃないだろ』って言われてね。要するにそういうことなんだよ。それ以外のところではすごく上手くいってたわけだし、別に自分と同じような音楽が好きな友達は他にもいたし。だから、君の場合も同じことが言えて。今の友達と上手くいってるなら、それ以上のことを求める必要はないんじゃない？

　とはいえ、確かにその年頃になると、みんな自分の趣味とかを確立してきて、それまでとは違う付き合いとかを求めるようになったりするのも普通で。なので、まず君が言う通り、今の友達に無理にロックを聴かせてもいい結果が生まれるとは思えない。自分が好きなものを友達に勧めるのはいいけど、無理強いしたところで、友達だって好きじゃないものは好きじゃないんだから。だけど、これからもロックを聴き続ければ、絶対にそういうのが好きな人たちに出会うはずだよ。ライヴとかさ、キッカケはいくらでもあるわけだし。そして、それってすごく楽しいことのはず。そもそも人生の楽しみってそうやって色んな人と出会って、それによって色んなことを学ぶことだったりするんだから。そういう意味でも、君が常にオープンマインドでいることは大切。もしかして、君が好きじゃないと思っている音楽だって、ある出会いがキッカケで好きになってしまうことだって考えられるからさ。君の友達だって基本的には食わず嫌いって感じなんだろ？　だったら逆に君も同じことをしないことをしないことだよ」

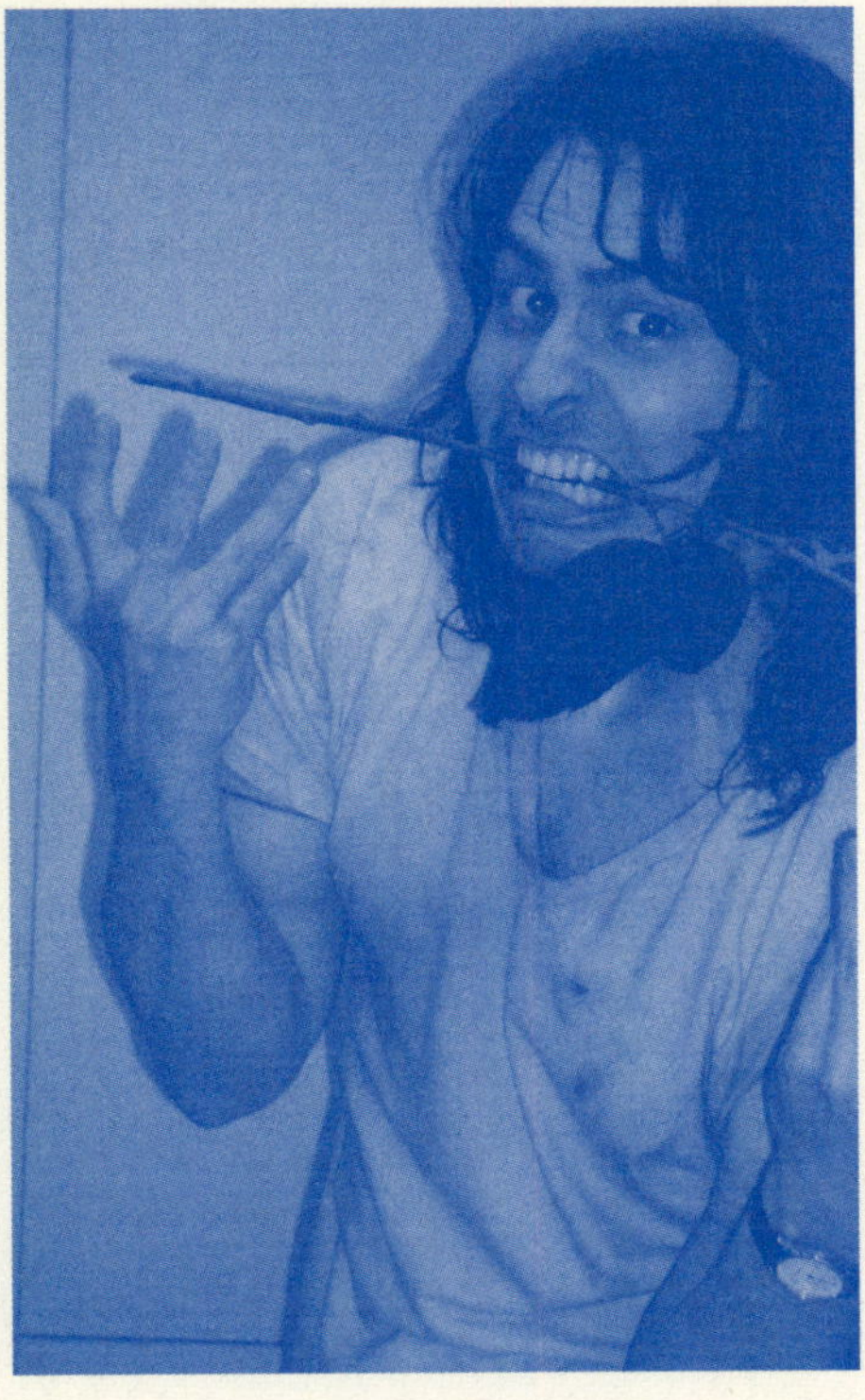

さらさらヘアになりたい場合

身体の悩み

さらさら風になびく美しい髪に憧れる女性からの悩み。自分の髪は剛毛でとても多く、それなりにヘアケアしてるつもりなのに、風が吹くたびにバサンバサン乱れてしまうのだとか。アンドリューは何かヘアケアしてる？

（29歳、女）

「あはははは。なんでこんなことおれに訊くんだろう？　髪の毛のことはまったくケアしてないだけに」

●だよね。

「だけどさ、実はめちゃくちゃ久しぶりに髪の毛をとかしてみたんだ、今日」

●マジで？

「うん。どうやらヘアケアに抵抗があるらしくて、滅多に髪の毛を洗わないし、髪の毛をとかすことなんてほとんどないんだ。だけど、何故か今日は髪の毛を洗ってとかしてみたんだよね。で、さらさらヘアね……。さっぱりわからん。で、風が吹くとバサンバサン乱れるのか……。たとえば髪の毛にオリーブオイルをつけてみるとか、生クリームをつけてみたらいいんじゃない……と言いたいところだけど本気にされたらマズイもんな」

●別にいいんじゃない。

「いや、それはマズイだろ。一応、真面目なコーナーなんだから。えっと、おれが言えるのは専門家に聞くこと。それで色々と試してみて、それでも無理だったら、ま、剛毛に誇りを持つこと。だってさ、さらさらヘアって実はハゲの前兆だったりするわけじゃん。剛毛だったらなかなかハゲないだろうし、結果的にはその髪質に感謝するようになるよ」

恋愛の悩み

勤務先にくる集配業者に失恋して何も手につかない場合

勤務先にくる集配業者の男性に失恋してしまった、23歳の会社員女性からの悩み。相手は50歳の既婚者なので、週に2日、5分程度でも話ができるだけでとても幸せだったのが、彼の集配担当地区が変わってしまい、自分の職場にはもう来なくなってしまったという。最後の日「彼と会える時間をすごく楽しみにしていたこと」を伝え、笑顔でお別れしたのに、今は寂しくて、毎日胃が痛くて仕事が手につかないそう。失恋のツラさを癒す方法は？　（23歳、女）

「そのうち時間が癒してくれるよ、としか言いようがないかも。とりあえず、最後にお別れを告げることができて、更に自分の素直な気持ちを打ち明けることができたのは素晴らしいことじゃないか。だけどさ、思うのは、こうやって終わってよかったのかもしれない。だってさ、もしこの人の担当地区が変わらなかったとする。そしたら、君の彼に対する気持ちもどんどん強くなる可能性があるわけだよね。だけど、彼は既婚者だし、それ以上のロマンスは期待できないわけだし、逆にそれが実ったとしたら、本当に最悪なことになりかねないもんな。そうなるとは限らないとはいえ。とにかく君は悲しむというより、彼と幸せな時間をちょっとでも過ごせたことを感謝して、次の出会いを楽しみにするべきだよ。人生って嫌なこともいっぱいあるんだから、そうやって幸せな時間があったことはとても貴重なんだ。人を好きになることは素晴らしいことだし、彼にはもう会えないかもしれないけど、ちょっとでもそういう気持ちになれたことは恵まれてるってことなんだよ。その気持ちを持続できれば、必ずいいことが近いうちにあるはずだよ」

政治に興味がもてなくなってしまった場合

人生の悩み

20歳になったばかりの男性からの悩み。昔から政治に興味があって、選挙権など社会的義務がたくさんできる20歳になったのはいいのだけど、自分なんかの一票くらいでは何も変わらないという考えが頭の中を支配してしまい、最近どうでもよくなってきてしまったという。アンドリューの政治観はどういうものなの？　（20歳、男）

「すごくタイムリーな質問だな。そう言えば友達がいいことを言ってたんだけど、彼が言うには政治とはシーソーと同じらしいんだ。特にアメリカの場合は基本的に二党しかないんでシーソーなんだけど、完全に傾いてしまうほどの重たい岩が片側に置いてあり、もう一方にはバケツが置いてあるという。だけど、そのバケツに石ころを入れている人たちがいるとする。確かにひとりが入れたところじゃ何も変わらない。だけど、10人、100人と続けて石ころを入れていくうちにシーソーのバランスは変わるわけだろ。選挙も一緒。確かに君ひとりだけが投票するのであれば、意味はないかもしれない。だけど、そうじゃないだろ？　だからこそ君の一票はすごく意味があるんだよ。その一票があるからバケツは重くなるわけで、それが世界を変えることに繋がっていくわけだから。それってさ、選挙に限らず毎日の生活にも活用できるコンセプトでさ。確かに自分ひとりでは世界を変えることはできないかもしれない。だけど、たとえば自分の家族や地域には何かと貢献することはできるわけだろ？　そこから繋がっていくんだよ。結局は自分の意志の問題なんだよね。もし何かを変えたいと思うなら、とりあえずアクションを起こすべきなんじゃないか。そうじゃなきゃ何も始まらないよ」

やりたい仕事がない場合

仕事／学校の悩み

大学を卒業してから、かれこれ6回も転職し、今やっている仕事も面白くないので辞めたいと思っているという悩み。今年で27歳になるのに、やりたい仕事がないというのが卒業後ひたすら続いているらしいのだけど、アンドリューはやりたくない仕事には、どう対処してきたの？
（26歳、男）

「う～ん、まずおれはすごくラッキーで、何よりも楽しいことをやってそれで生活しているわけだから。それ以外の仕事もしたことはあるんだけど、すべてここに辿り着くまでの段階というふうに考えていた。だから、君がまず考えるべきなのは、仕事に何を求めるかってことだな。たとえばおれみたいにすべての欲求を満たしてくれる仕事を望んでいるのか？ それはそれで幸せなことだけど、人生が仕事に支配されてしまっているという捉え方だってできるわけだ。そうじゃなくて、とりあえずやりたいこと、それが趣味であろうと、家庭であろうと、そういう仕事以外の自分の人生を充実させる手段としての仕事というのも考えられる。仕事で得た収入やノウハウを仕事以外のことに使うということだ。それをまず見極める必要はあると思う。ただ、転職することは決して悪いことじゃない。自分が満足できる仕事を探すというのは本当に大切なことだよ」

●嬉しいアドバイスだね。特に日本だと転職に対していまだにネガティヴなイメージがあったりするんで。

「うん。それを知っているから、こういう助言をしたのもある。日本人がみんな仕事に対して極めてシリアスだってことを知っているからさ。だけど別にひとつの仕事にずっと就くのが偉いとは思わないし、転職する人が怠慢で無責任だとは思わない。そもそもこうやって相談してきたってことは、それだけ真剣に考えているからなんだろうからさ。とにかく自分が何をやりたいか考えて、その決断を信じること」

妻に「愛しているが、家族としてであって、男性としてはまったく愛していない」と言われた場合

恋愛の悩み

結婚して2年、半年前に子供も生まれ幸せの絶頂だったが、最近様子が変わってきたという26歳男性の悩み。奥さんから「愛しているが、子供の父親、家族の一員としてであって、男性としてはまったく愛していない！」と言われてしまったらしい。確かに結婚後かなりおっさん臭くなった自分にも責任はあると思うけれど「あなたがいないと生きていけない」と言っていた彼女はどこに行ってしまったのか、と嘆く相談者。今も女性として奥様を愛している彼はどうしたらいいの？（26歳、男）

「ますはご出産おめでとう。家庭を築くっていうのは本当にすごいことだと思うよ。まさに自分の人生の転機って感じだろうし、この半年間で君が感じたエモーションの起伏というのはとてつもないことだろう。マジで感情のローラーコースターっていうか。それは君の奥さんも一緒で、恐らく君より一層激しくそれを感じているはずだ。迷いや動揺、恐怖、感激、とにかく感情の渦巻きというか、可能である限りの感情をこの短時間で体験しているんだと思う。そして君をそのローラーコースターに道連れにしようとしているんだよ。だから、君は旦那としてとにかくタフにならなきゃいけない。かなり痛めつけられることを覚悟しなきゃいけないだろう。だけど君以上に彼女のほうが大変なんだから。そして、それを理解してあげるのが君の役目。君が辛抱強く彼女のフラストレーションや恐怖を受け入れてあげて、そして一緒にこの困難を乗り越えること、それこそが結婚であり、家庭を築くことでもあるんだ。奥さんは別に『離婚したい』と言っているわけじゃなくて、君に対する愛情の変化に戸惑いを覚えているわけだろ？だ

けど君のことを愛しているのは変わりないんだよ。彼女が求めているのは表面的にロマンチックな愛情ではなく、旦那として、家族として、より深くエモーショナルな愛なんだと思うよ。言い方は確かに酷いけど、彼女の動揺も半端ないはずだから。君はとにかくその気持ちを受け止めてやらなきゃ。これは旅の始まりであり、これから浮き沈みが更に激しくなると思う。だけど、それがあるからこそ人生は楽しいわけで、君はそれに耐える必要がある。男は子供を生むことはできないし、そこで女の人が感じるストレスもわからない。だから、ある意味、女の人の下僕になるしかないんだよね。そして、それは決して恥じることではないんだよ。とにかく精一杯に彼女をサポートして、精一杯に彼女に愛を注ぐこと。君の誠意には彼女だって応えてくれるはずだよ。そして、人生の転機を一緒に乗り越えよう。絶対に上手くいくはずだから」

「いい女」とは一体どんな女なのかわからない場合

性格の悩み

21歳の祝いに上司に「いい女になれよ」というありがたい言葉をもらった女性。でも「いい女」ってどんなの？ 皆目見当もつかないまま、もうすぐ23歳になるそう。アンドリューの「いい女」観って？ 是非参考にしたいらしい。 （22歳、女）

「おれの『いい女』観か……。ま、もちろん自分の中での理想の女性像っていうのはあるんだけど、それは個人的な嗜好っていうか、たとえば恋愛対象になるような女性っていうことですごくパーソナルな人物像になってしまうわけで。だから、おれの『いい女』観を聞いてもあまり普遍的でないかもしれないし、参考にならないかもしれない。だけど、やっぱり『いい女』はまず『いい人間』であることなんじゃないのかなあ。いや、もちろん女と男の違いというのは明確にあるし、それぞれの魅力が別なのもわかる。だけど、やっぱりまず人間として輝いていなきゃ、いくら女性らしさを磨いても上手くいかないと思うんだ。要するに人間としての自分を向上させることが、誰にとっても理想であるべきなんだよ。それって簡単ではないんだけど……。ただ『いい女』とは、従順で大人しい女性と思っている人もいるだろうし、料理の上手い女性と思っている人もいるだろう。だけどさ、そんな男根主義的な観念なんかどうでもよくて。料理できないからって『いい女』じゃないっていうのもおかしいだろ？ 社会は女に限らず男に対しても、『こうあるべきだ』と強制するところがあるんだけど、そもそも『いい女』の定義なんかないんだよ。君の上司だって、恐らく自分なりの『いい女』観があって君にそう言ったんだろうけど、必ずしも、それに従う必要はないんだよね。君が考えなきゃいけないのは『上司の女性観とはなにか？』ではなく、それをキッカケに『自分にとって、いい女とはなにか？』ってこと。自分の理想像について考えるべきで、あくまでそれは自分から導き出すことなんだよ」

夜眠れず、朝起きれず、遅刻する場合

身体の悩み

布団に入って寝ようとはするのだが、夜中まで目が冴えてなかなか眠れなくて困っている男性から。眠れないだけでなく、そのために朝も起きられず、遅刻ばかりしているらしい。どうしたらちゃんと夜眠れるようになる？

（20歳、男）

「う～ん、おれも眠れないときはあるけど……いや、どっちかっていうと、ただ寝たくないから夜更かししてるだけって感じかな。ま、不眠症の原因はストレスだってよく言われるけど。だけど、そうじゃなくても単純に体内に放出されてないエネルギーが溜まっているから寝れないっていうのもあるよね。特に一日中なにもしなかったら、それだけ眠りにつくのは難しかったりするもんな。君がどういう日々を過ごしているのかはわからないけど、動くっていうのはひとつの方法だよね。もし寝れなかったら、とりあえず散歩してみるとかって手もあるかも。あと、読書っていうのもある。この手はおれもよく使うんだけど、意識が朦朧としてくるまでひたすら本を読むっていうのは、余計なストレスもかからないので、かなり効果的なんじゃないか。それでも駄目なら瞑想してみるっていうのは？　深呼吸したりしてさ。多分うまくいくはずだよ、よくわからないけど」

●随分、適当だね（笑）。

「あ、そうだ。あとコーヒーを飲まないこと。カフェインは禁物だな」

●ぼくもよく寝れないことがあって、そういう時は諦めて映画でも観たりするんだけど。

「そうだね。逆に寝れないことがストレスになっちゃって、余計に眠りにつくことができなくなることってあるもんね。『寝れない、寝れない』って焦りまくっちゃってさ」

●そうそう。もう、そういう時は、諦めて酒でも飲みながら音楽を聴いたりしちゃうほうが楽なんだよね。

「だな。だけど、まだ若いから酒に頼るのはマズイかも。とにかくストレスを発散できるようなことをやってしまうのがベストだと思うよ」

自分のロストヴァージンがいつになるのか気になりすぎて成績が落ちてきた場合

恋愛の悩み

生まれて13年、恋人というものがいないので、毎日とても寂しい日々を送っている13歳の女の子。ロックは小さい頃から毎日のように聴いてきたので、今のところロックが自分の恋人!!という感じらしいのだが、やはりいつも考えてしまうのは「私のロストヴァージンはいつ!?」ってこと。毎日そんなことしか考えていなかったら、成績も落ちてきてしまった。どうしたら恋人ができる? どうしたら私とやってもらえる?というのがもっぱらの悩みだそう。そんな彼女へのアドバイスは? そしてアンドリュー兄貴のロストヴァージンはいつだったの……?

(13歳、女)

「……強烈だなぁ。まず、13歳の年頃でセックスのことを考えるのは当たり前だと思う。自分もそうだったし。だけど、だからってそこにプレッシャーを感じるべきじゃないよ。なにしろ早くやったからって何も得はしないんだから。そんなことを急いであとあと後悔するほうがよっぽど嫌な思いをすると思うよ。おれの場合はすごく自然な成り行きだった。16歳になる直前のことだったんだけど。それまで1年以上付き合っていた子がいて。別にセックスしたいから付き合ってたわけじゃなくて、本当に好きだったから付き合っていて、その後も何年か関係は続いたんだ。だから、最初はものすごく慎重だった。彼女にとっても初体験だったから、とにかくお互いにとってそれが間違いじゃないってことを確認してからやることにしたんだ。だから、今でもすごくいい思い出だし、彼女が初体験の相手で本当に良かったと今でも思える。だから、とりあえず体験したいからって手当たり次第にやるのはとてもいいとは思えない。ある意味、初体験は誇りを持てるような思い出にならなきゃ。それが何歳の時だっていい。いずれはセックスすることになるんだろうからさ。急ぐ必要はないんだ。とにかく後悔だけはしないで欲しい。あと、その歳でセックスについて考えるのは普通なんで、そこに負い目を感じることはないよ。ただ、他にも楽しいことはいくらでもあるんで、それはっかりに気を囚われすぎないようにしてくれ」

人からよく「変なやつ」と言われるのが嫌な場合

性格の悩み

よく人から変な人と言われる男性。自分では普通にしているつもりが、周りの人には変にうつるらしく、何かするたびに笑われたり悪口を言われたりするのが嫌なのだとか。単に自分が自意識過剰なのか、それともこれが個性というものなのか？　それなら個性なんていらない！と思っている彼に対するアンドリューの意見は？　（15歳、男）

「おれも若いころ、よく変だって言われていた。髪型とか服装とかも独特で……っていうか、ま、本当に自分は変なやつだったんだ。それでも『変』って言われると傷つくんだよな。それはわかる。だけど、よく考えてみるとまったく同じ人間なんかいなくて、みんなそれぞれ個性がある人間なんだよね。その中で、自分は突出した『スタイル』があるってことに気付いて。そして、『スタイル』っていうのは個性的でユニークであるほどカッコいいものなんだよね。若いころはそう思えないし、周りにも独特な『スタイル』を確立している人はあまりいないかもしれない。だけど、そのうち絶対に自分の『スタイル』に共感してくれる人たちに出会うはずだよ。オリジナル（独特）であるっていうのは実は難しいことなんだ。そうやって他人と違うことは逆に誇りに持つべきことだと思うし、それこそ人にとってインスピレーションになったりするんだよね」

●若いころってでもなかなか難しいんだよね、そういうのを前面に出すのは。

「だよな。特に学校とかだと、厳しかったりするもんね」

●日本だと学校で制服があったりするし、なおさら大変かもしれないね。

「みんな統一されたルールに従えって感じなんだろうね。だけど、それを守りつつ個性を発揮することはできるだろうし、人それぞれ自分の嗜好ややり方があるわけで、それを主張できるほうがクールなんじゃないか？」

●ま、アンドリューなんか「変であることがＯＫ」の最たる象徴だもんね。

「イエイ！」

腹が立つと必ず泣いてしまい、ドラマのように激しく怒りをぶちまけられない場合

性格の悩み

本気で腹が立ったとき必ず泣いてしまうので、腹が立った相手に対してちゃんと怒りをぶちまけることができない女性。しかも泣いていると本気で怒っていることに誰も気付いてくれず、そのことで余計に腹が立ってもっと泣いてしまうという悪循環に陥ってしまうのが悩み。ドラマで激しい罵り合いやケンカの場面を見る度にうらやましくなるほどらしい。どうやったらあんな風にストレートに怒りを表現できるんでしょうか？　アンドリューは腹が立ったときどんな風に表現するの？（24歳、女）

「まず、怒りっていうのはあまり好ましい感情ではなくて、どっちにしても上手く伝達できるものじゃないと思うんだ。君がドラマとかで見ているものは、あくまで理想だけであって、あんな上手く怒りをコミュニケーションできることってそうないと思うよ。そんなことをうらやましく思うんじゃなくて、まず自分が何に対して憤りや不満を感じているのかを見極めて、それをどうやって表現するのがベストか考えるべき。で、結局は普通に落ち着いて相手にその気持ちを伝えるのが一番いいんだよね。確かに発散できないようで不満に思えるかもしれないけど、怒りを爆発させると怒鳴ったり、ケンカしたり、泣いたりすることになって、それって決して気持ちいいことではないし、そもそもそれで何かが解決するとは思えないだろう？　君が泣くのはおかしなことじゃない。誰だって怒りでいっぱいになると感情を抑えきれなくなるもんなんだよ。だから、おれが言えるのは、そこまで怒りをためないで、その前に解決策を探ってみること。またはまずひとりで怒りを発散するってのもある。人前じゃなかったらいくら泣いてもいいし、そうすることによって、一旦怒りを体内から放出すると、冷静にその問題に接することができるだろうからさ。とにかく怒りを上手く表現することに集中するんじゃなくて、いかに怒らないで物事と接するかに意識を向けたほうがいいと思うよ」

なぜか音楽をあまり聴かなくなった場合

音楽の悩み

別に音楽が嫌いになったわけでもないのに、最近あんまり音楽を聴いていない、でもなぜ聴かなくなったのかはわからないという男性から。音楽に関わる仕事をしている兄貴でも、なんとなく音楽を聴かなくなることってあったりするのでしょうか。
（21歳、男）

「そうだな、音楽どころか音自体に嫌気が差して沈黙を好むことはよくある。とはいえ、自分の頭の中には常に音楽があるんだよな。それは好きな曲であったり、自分の曲であったり、これから作ろうとしている曲であったりするんだ。頭の中の音楽を聴くのが好きだから沈黙が好きなのかも。でも、おれって音も好きで、それは音楽だけじゃなくて、たとえばよくタクシーに乗って、窓を開けて街の音を聞きに出かけたりするんだ。空港に行って飛行機の音を聞くのも好き。そういうのを聞いているとすごく想像力が刺激されるような気がしてね。ただ、自分の中に音楽がない瞬間はないよ。だから逆に外からの音楽を体が一切受け付けない時もあって。好きなものを我慢するのはよくないと思う反面、そうやって自ら抑制することで、聴いた時の喜びもそれだけ大きくなるって感じでさ。だってさ、昔聴いてたものを久々に聴いてみると、新しい発見があったりして、すごく刺激的だったりするもんな。それはノスタルジアとは違って、人間として成長したから、同じ音楽が違うふうに聴こえてきたりしてさ。音楽というのは一生ものだよ。だから、今それほど聴きたくなくても、必ず音楽に戻ってくるだろうから、それほど気にしなくていいと思う。一日一回だろうが、一週間に一回だろうが、一年に一回だろうが、自分なりのペースで音楽と付き合っていったらいいんだよ。音楽とは決して無理して聴くものではないんだから」

彼氏との関係を友人に「セフレ」と言われ、自信がもてなくなった場合

付き合って2年位の彼がいる女性。出不精なカップルで、ふたりで会ってすることと言えば食事、セックス、睡眠だけで、外でデートした事は今までに3度だけ。それでも彼のことが好きだし、彼も自分を好きだと言ってくれているし彼の気持ちもわかっているそう。しかしふたりの関係を「それってセフレじゃん」と友人に言われ、自分が彼のことを本当に好きなのか、ただ好きだと思い込んでいただけなのか、今は自信がもてないらしい。このふたりの関係についてどう思う？　恋人って一体何なのでしょうか？（22歳、女）

「どうやら君の友達にはハッキリとした恋人像があるらしいね。だけど君がそれに合わせる必要はないんだ。まず、彼と一緒にいることによって君は幸せなのか？　彼がいることによって自分の人生が満たされているように思うか？　友情や家族愛だけでは満たされない何かを彼は与えてくれるのか？　確かに外から見たら、君たちはセックス以外に何もしていないような関係に見えるかもしれないけど、逆にお互いのニーズがきっちりと満たされたストレスフリーな関係にも思える。お互い幸せそうだし、ちゃんとそこに愛はあると確認し合えているわけだし。別に君が従わなきゃいけない『正しい恋愛関係の法則』なんかないんだからさ。友達に何か言われたぐらいで悩むことはないよ。ただ、もし君がそういう状態に不満で、彼にそれを伝えたところ何も改善できなかったら問題かもしれないけど。でも、今のところ心配することはないんじゃない？」

恋愛の悩み

ライヴを観に行ったら、メンバーが最前列のカワイイ子にメロメロになっていた場合

音楽の悩み

とあるバンド（フランツ）の来日公演を観に行ってきた女性。楽しめたことは楽しめたらしいのだが、ひとつ物凄く気になった事が。それはメンバー全員が最前列にいたカワイイ子に目を奪われてしまっていて、しまいにはその子のためにソロを弾いたりしていたそうで……。やっぱりアンドリューもライヴ中に客席にカワイイ子がいると、ステージからでも気になったりするの？

（20歳、女）

「まあ、おれのライヴの場合はあまりにも暴れまくってるんで、そんなことに気付く暇はないな。観客もグジャグジャになってる感じだし。こっちとしては仕事をこなさなきゃいけないから、あまりそういうことに気をとられないようにしてる。とはいえ、おれも人間だから、あまりにもその女性が魅力的だったら、見ちゃったりするけど……。だけど、おれにとってライヴというのは自分を解放する場所で、ルックスとか外見を気にするような場所じゃないんだよね。だから、どっちかっていうと、可愛さをアピールしている女性よりか、汗だくになって暴れまくっている女の子のほうに魅力を感じるんだよなあ。音楽に素直に反応している人のほうがよっぽどカッコいいと思う。ただ、そのバンドが女の子のことが気になるのもすごくわかるし、別にそれが悪いことだとは絶対に思わないし、男だったら、ある意味、当たり前のことだと思うよ」

東京でテロが起きるかもしれない、と毎日不安な場合

人生の悩み

東京がどこかの国からのテロ攻撃を受ける可能性があると知ってから、いつ狙われるか心配で毎日気持ちよく過ごせないのが悩みの男性。こんなことをずっと考えている自分は心配性なの？
（15歳、男）

「とてもいい質問だ。まず、君が心配するのもわかるけど、こっちはニューヨークに住んでいるわけで、君の恐怖を目の当たりにしているんだよね。で、今でも工事とか飛行機の音を聞くとビビったりする。事件があったかネットで調べてみたりしてさ。だけどさ、よく考えてみると、テロ攻撃に限らず、地震や津波みたいな自然災害、それこそ交通事故とかにいつ巻き込まれてもおかしくないんだよね。そもそも交通事故で死ぬ確率なんて、テロ攻撃で死ぬ確率よりよっぽど高いわけだろ？　っていうか、爪楊枝が喉にひっかかって死ぬ可能性のほうが高いんだから。マジで。だけど、爪楊枝のことを毎日心配してる人ってあまりいないだろ。心配のタネを挙げてるとキリがないよ。ほとんどの人はいつか必ず死ぬ――」

●死なない人もいるってこと？

「かもね。だから、ほぼ絶対的に起きることを心配してもしょうがないだろ？　それより毎日を精一杯過ごすことに専念したほうがいいはずだよ。君が心配するのはわかる。だけど、それこそテロリストの思惑なんだ。あの人たちの目的は世界を恐怖のどん底に陥れることで、それに服従することはないんだよ。そもそも戦争している国や暴力が日常茶飯事になってしまっている貧しい国のことを考えると東京もニューヨークも実に平和で、おれたちは実に恵まれた場所に住んでいるんだからさ。心配することないよ」

●前に元パンテラのダイムバッグ・

ダレルが演奏中に銃殺されたよね。ロック史上、ミュージシャンがステージで殺されるのって初めてだと思うけど、あのことでステージに上がるのが恐くなったりしなかった？
「そうだね、特におれのライヴはガンガンお客さんがステージに上がってくるだけに。別に銃じゃなくても、ナイフ持ってたり、ただ単に周りのやつを殴り出すやつがいたっておかしくないわけで、それこそ大惨事になりかねないもんな。ただ、こういう悲劇は本当にいつ起こるかわからないから心配はしてないし、恐怖も特に感じていない。ただひとつ気になるのは、この事件によってセキュリティが厳しくなって、前のようにみんなをステージに上げて楽しめなくなったりするかもしれないこと。そうなったら残念だよね。それにしても実際にダレルには会ったことないけど、みんないいやつだって言ってた人だけにかなり落ち込むニュースだったよ」

かなり欲深い人間の場合

性格の悩み

欲張るのって良くないなとわかってはいるのだけど、自分はかなり欲深い人間だと自覚している女性。アンドリューはどうやって欲望を抑えたり、欲望と向き合ったりしている？

（23歳、女）

「ある程度の欲望っていうのは絶対に必要なんじゃないか。それこそがモチベーションに繋がるわけだし、なにかを手に入れたいからこそ、人はアクションを起こすわけだから。誰だって幸せになることを求めているわけで、それは別に欲深いのとは違うんだよ。で、まず君は、自分が幸せになるためになにが必要なのかを冷静に見極めてみるのがいいんじゃないか。そうすることによって、特に幸せにしてくれないのに、必死に求めているものもあるってことに気付くはずだから。金であろうと、権力であろうと、セックスであろうと、それほど必要じゃないのに、必死になってしまうこと、それこそが欲張りに繋がるんじゃないか。別に欲求を満たすのは決して悪いことじゃないんだけど、まるで強迫観念かのようにそれに執着するのはおかしいと思うし、逆にその追求自体がストレスになるほうが時間の無駄だったりするからさ。ただ、なんで欲張りであることは悪いんだろう、ってことも考えてごらん。なにかを貪欲に追求することは悪いのか、ってね。おれは必ずしもそうだとは思えないんだよな」

予想に反して自分がいわゆる負け犬になった場合

人生の悩み

現在35歳で未婚、子供ナシのため、自分はいわゆる〝負け犬〟だと感じている女性。20代の頃には、今の年代の自分の姿を想像する事はあまりなく、結婚して、子供を産んで……という漠然としたことは想像していたものの、「彼氏ナシ、子供ナシ、両親も死別」という現在の状況は想像もしていなかったそう。アンドリューは10年後の自分がどんな風になっているか、どうなっていたいか、思い描くことはある？　（35歳、女）

「まず〝負け犬〟っていうコンセプト自体が馬鹿げている。アメリカでも同じように40歳前後の未婚の女性がそうやって見られるような傾向があるんだけど、そんなことはどうでもいい。おれは前に35歳の女性と付き合ったことがあるんだけど、彼女のことを悪く思う人なんかいなかったし、そもそも彼女自身も自分が〝負け犬〟だとはまったく思っていなかった。結婚願望とかは普通にあったらしいけど、だからってそのタイミングは世間でなく自分で決めることだってこともハッキリとわかっていた。でさ、君が孤独なのもなんとなくわかるし、それを否定するつもりはないけど、だからって明日ハッピーになれない理由はまったくないわけだろ？　周辺が〝負け犬〟と騒いでるからって、自分がそこに屈することはない。いつか75歳とかになるわけで、だったら35歳の今をとにかく満喫しようじゃないか。で、おれの話なんだけど、将来のことはあまり考えないようにしている。だって10年前の自分からして、今の自分は奇跡のようなもんだからさ。自分の想像の範疇には今の自分は絶対にいなかったし、だから10年後の自分像もまったく未知の世界のものなんだ。だけど奇跡とはいえ、毎日の起床時間みたいな些細なことから、結婚とか人生を左右させる決断まで、そういったことがひとつひとつ今の自分を形成しているわけだよな。人生は冒険なんだよ。だから孤独な〝負け犬〟としてではなく、ひとりの自立した女性として、これから人生に体当たりしていったらいいんじゃないか。そこには予想していない、予想できない展開が必ず待ち構えているはずだからさ」

変な声なのにバンドのヴォーカルをすることになりそうな場合

音楽の悩み

最近ベースを始めたので、友達とバンドを組もうかと考え中の17歳の女性。その友達はベースとヴォーカルの両方をやっている人なのだが、曲によってはベースとヴォーカルを使い分けたがっている。だからその友達とバンドを組むなら、歌を歌えないといけなくなるそう。ただ、相談者はすご～く変な声の持ち主で、バンドで歌う自信がないとのこと。しかも、歌うのは好きだけど、フロントマンになるのは……自分にはそんな大役が務まるのか心配で、悩んでいるそう。アンドリューはどうしてそんなに自信に溢れているの？

（17歳、女）

「変な声？　最高じゃん。是非、聴いてみたいね。音楽をやるときはとにかく好きなことに集中しようよ。自分自身で歌うことは好きだって言ってるぐらいなんだから、歌ったらいいんじゃない？　答えは明白だと思うけど。おれだって音楽を始めたときはヴォーカルになるとは思わなかった。ピアノ、ギター、ドラムができるから、ヴォーカルは別の人にやってもらうつもりだったんだ。だけど、いつの間にか自分でやるようになって。別に歌が上手いとは思わなかったけど、ただ、自分の音楽は大好きだったし、誰かがやらないと始まらないわけだから、やってみたんだけど、これがまたはまっちゃってね。初めてステージに立つ時は確かに緊張するよ。だけど、それはもう突き破るしかないんだよね。だってさ、自分が本当にそれが好きかどうかはやってみなきゃわからないんだから。そこにリスクがあるってことは逆にとてもいいことだよ。そこにこそスリルがあって、だからこそみんな観にきてくれるわけだ。自分たちでは体験できないものを観にきているんだよ。平凡な人生だとなかなかリスクを背負うことがないけど、それに挑戦できるだけ君は恵まれているんだ。だから、もう思い切ってやってやろうじゃないか」

頻繁に心ここにあらずの状態に陥る場合

人の話を聞きながら、よく心ここにあらず状態になってしまうのが悩みの女性。人が話しているときでも、話を聞いているうちにいつの間にかそういう状態になってしまい、話し相手に「大丈夫か？」と心配されたり、二度聞き返すこともしばしば。これではこの先困ってしまう！　アンドリュー、どうしたらいい？　（20歳、女）

「おれもこのまえ、それに近いすごく妙な気持ちになっちゃってね。別に疲れてたわけでもないのに、なんかぼんやりしちゃってさ。ちょうどそのとき実家に戻っていたからなんだろうけどね。だから、誰だってそういう状態に陥ることはあると思うけど……もしかして、君の話し相手が単純につまらないやつばっかりだったりして(笑)。まあ、相手の話に集中するように努力するのも大切かと思うけど、そうじゃなくて、まずはひとりでいる時間をきっちり作るべきだよ。そうやって『心ここにあらず状態』になってもOKな状況を自分で作っちゃうっていう。そうすることで、必要なときはちゃんとフォーカスできるようになるんじゃないか？　だってひとりでいるときは、いくらボケっとしたっていいわけだから。ただ、注意欠如障害っていう病気があるぐらいだから、あまりにも酷いようだったらちゃんと医者に診てもらうように」

休部していた部活に戻りたいが、戻っても足手まといになる気がして迷っている場合

仕事／学校の悩み

現在高校2年生で、もうすぐ3年生になる男性。1年前に足の病気が原因でバレー部を1年間休部していたのだが、その間に新1年生が部に入り、自分が休部している間に1年生が自分以上のレベルになってしまったそう。最近になって病気が治り、バレー部に戻ろうと思っていたのだが、もう1年生がそろそろレギュラーに上がってくる時期。今戻っても、足手まといになってしまう気がしてなかなか戻れずにいるのが悩み。同級生の部長には、早く戻って来いと言われたのだけど、バレー部に戻るか、マネージャーになるか、それとも部活自体をやめるか迷っているそう。一体どうすればいいの!?

(17歳、男)

「答えは明確だ。まず、君は足の病気という大きな山場を既に乗り越えたわけだよな？ で、またそこに山が現れたわけだ。そして、今回もかなりのリスクがある。自分に期待している人たちを落胆させるかもしれないし、自分も恥をかく可能性もあるわけだ。そして、そこでビビってしまうのはわかる。人間とはそんなもんなんだよ。だけど、おれが思うに、そうやって不安にさせられる何かと直面したときこそ、人間が自分の能力を最大限に発揮できるんだよね。そうやって人々は進化して成長するんだよ。だから、とにかくやれるところまでやっちゃえよ。マジで。たとえ失敗したっていいじゃん。そもそもさ、自分が挙げた選択肢を考えてごらん。①バレーを続ける。②マネージャーになる。③辞める。その3つしかないなら最高峰の①を選ぶのは当たり前だろ。だって、もし①を選んで失敗しても②だって③だって、あとから選ぶことは可能だもんな。だけど、逆にまず③を選んだ

ところ、①はおろか②さえも選べない状態に最初からなっちゃうわけだ。①を選ぶことによって君の選択肢はそれだけ広まるってことでもあるんだよ。だったら①を選ばないわけがないだろ？ ハガキに悩みを書くほどだから、自分なりにこの問題について はかなり真剣に考えていると思う。そして心配しているのもわかる。失敗したらそりゃあ最悪だ。だけど、もしうまくいったら？ そう簡単な話じゃないのはわかるけど、もし成功したらどういう気持ちになると思う？ チームは君のことをどう思うと思う？ それを味わってみたくないか？ 努力なくしては無理だろうし、努力しても実現できないかもしれないけど、君にはそんな気持ちを味わえるチャンスがあるんだ。そんな機会に恵まれることってそうあるもんじゃないから、それを無駄にすることはないんじゃないか」

弟が始めたバンドの名前がダサい場合

音楽の悩み

7つ下（19歳）の弟がいる男性からの悩み。末っ子ということもあり、甘やかされて育った弟は、思春期には飲む、打つ、買う、が三拍子そろったかなりの荒くれ者だったのだが、ギターに出会い、ロックに目覚めてからは素行が落ち着き、家族一同ほっと胸をなでおろしているそう。そんな弟が、結成したバンドと共に、春に上京するのだが、バンドの名前は〝weekenders〟。兄としてはどうも微妙なバンド名な気がするので、ぜひともアンドリューに東京でもナメられないカッコいいバンド名を考えてもらいたいとのこと。さて、アンドリューに名案は？

（26歳、男）

「え、〝weekenders〟って名前はかなりいいんじゃない？　憶えやすいしさ。ま、ちょっとありがちな感じなのかもしれないけど。今、カッコいい名前を考えてみるから、ちょっと待って……〝Train Track〟（線路）っていうのは？」

●ま、他にいないかもね。

「だよな。さらに〝Trane Trachs〟とスペルしたらカッコよくない？」

●どうなの、それ？　そもそも誰も読めないかもしれないし。

「それがいいんじゃん。あ、いいの思いついた！　〝ＪＪＪＪ〟。いいだろ？」

●微妙。なんか意味あるの？

「いや、それがいいところで、毎回、勝手に意味を好きなように変えちゃえばいいんだよ。たとえばジャパン、ジャパン、ジャパン、ジャパン……あれ、Ｊって何個あったっけ？」

●5つじゃない？

「それはまずいな。ジャクソン5と一緒になっちゃうから。だったら〝ＭＭＭＭ〟がいいんじゃない？　どう、う～む、みたいな感じでさ。

いや、違う。駄目だ、そんなのじゃない？
……。わかった、最高のオチ！
"ＺＺＺＺ"!!」
●……。
「寝てるときの擬音だぜ？　そんなバンドは他にあり得ないから。これで有名になれるな」
●ちょっとＺＺトップとかぶらな

「そんなバンドとはレベルが違う。なにしろこっちはＺが5つもあるんだから。このバンドの世界にはＺＺトップなんか存在していないんだ。それぐらいぶっ飛んだバンドなんだよ。ただ、メンバーはみんないつも寝ているけど」

ギターにハマりすぎてサッカー部のレギュラーを取られた場合

仕事／学校の悩み

サッカー部に在籍している中学生からの悩み相談。ギターが好きで、部活をサボって家でギターを弾いていたら、サッカーのレギュラーの座を取られてしまったらしい。引退まであと少しなのだが、やる気がなくても続けるべき？　それとも辞めるべき？　（14歳、男）

「まあ、悩みを送ってくるほどだから、それなりにサッカーに未練があるわけだよな。おれが思うに、なぜ両方やらないのか？　おれは一度始めたことを途中でやめることができない。どんなに嫌なことでも、一回やるって決めたことを最後まで貫くのがおれのやりかたなんだ。君はレギュラーになれるほどの力があったわけだろ？　ということは、チームメイトや監督に、それなりに活躍を期待されている選手なわけだよな。もちろん彼らの期待より、自分自身の思いのほうが大切なんだけど。ただ、サッカーを続けるとしても、あと半年だろ？　だったら、とりあえず気持ちよく終わらせたら？　ギターはそのあとから始めても大丈夫なはず。ただ、新たなパッションを探せたことはとても素敵なこと。だから、そうだな、おれが思うに、とにかくやりたいことをとことん追求しよう。そして、君のやりたいことは、今、サッカーじゃないかもしれない。と同時に、ものごとを中途半端に放棄することもやりたいことじゃないのかもしれない。もし、途中で投げ出すことになにも未練を感じないなら、それはそれでけじめをつけるべき。とにかく無理はするな。やりたいことをとことんやろう！　それを決めるのは君しかいないんだ」

内向的な学生が自分と気の合う友達を作りたいと思っている場合

性格の悩み

恥ずかしがり屋で人見知りな、メガネをかけた大学生からの相談。大学に入ったら音楽についてたくさん語り合える友達を見つけたいと思っていたのだが、性格が内向的で、聴いている音楽も少しマニアックなので、なかなか気の合う友達に巡り会えない。自分と気が合いそうなgeekyな友達を見つけたいのだが、どうしたらそういう友達に出会えると思う？（19歳、女）

「君の言うgeekyな連中があっちから話し掛けてくることはありえない。なにしろ、君と同じで、あっちも内向的なわけだから。だろ？だから、あっちも誰かに声を掛けられるを待っている可能性が高いんだ。なので、頑張って積極的になる必要があるのかもしれない。でも、この歳になって思うんだ。別に趣味を共有しなくても、仲良くなれる人はいくらでもいるってことを。特にまったく価値観の違うやつはすごく刺激的で、昔なら『こいつは馬鹿だ』で済ませてたところを、今では『なんて面白いことを考えてるんだろう』ってすごく感心してしまうことが多いんだ。結局、人それぞれ、まったく違う観点から世の中を見ているんだよ。どんなに趣味が似ていても、絶対に違うんだ。君の脳みそを、他の人の頭に入れて、その人の目で世の中を見回したら、あまりに自分の見ている世の中と違っていて、それが何なのか認識できないはずだよ。もうまったくの別世界に見えるはず。君が見えている〝青〟と、他の人の〝青〟はぜんぜん違うんだよ。わかる？」

●また、ずいぶん哲学的だね。

「だろ？で、大学というのは、自分の視野を広げる絶好のチャンス。そうすることにより、より自分という人間がわかるはずだし。もしかしたら、価値観が合わない人間とは、やっぱり上手くいかないかもしれない。だけど、それは現時点では知らないわけだよな。だったら、とことんそこに挑戦して、どういう人間と一番気が合うかを自分で確かめてみるべき。必ずそこに発見はあるはずだよ」

友人を好きになってしまったものの変な別れ方をして疎遠になってしまった場合

恋愛の悩み

マーズ・ヴォルタのセドが大好きな女性からの相談。マーズ・ヴォルタのライヴ終了後、愛しのセド待ちをしていたところ、とある外国人に話しかけられた彼女。ウザイと感じつつも、話をするうちに音楽、映画、趣味のディテールまで同じで意気投合。自分は38歳、一方彼は25歳のフランス人。13歳も歳が違うし、最初は友人として会っていたのだが、3回目に会う頃には彼に恋をしていたらしい。ところがとある理由で彼女が大人気ない態度を取って彼と変な別れ方をしてしまった。そのためあわてて「あんたが女でも、じいさんでも、ゲイでも好きだ。あなたは特別。私にはもったいない位の友人だ」とメールを送ったそう。別の友人にはとんでもないメールだと言われたそう。屈折した愛の告白ともいえるこのメールだが、それ以来、彼にはろくに会えてない。彼女は一度ちゃんと彼に会って誤解を解くべき？　会ってももう昔のふたりには戻れないかもしれないと心配している彼女へのアンドリューのアドバイスは？

（38歳、女）

「まず、メールを送ったのは決して悪いことじゃない。自分の気持ちを彼に伝える必要を君は感じたわけだから。もちろん、直接伝えたほうがよかった、とか今となっては色々と言えるかもしれないけど、もう過ぎたことだからしょうがない。で、現時点で、君は失うものがないんだよね。だったら、とりあえず会ってみたらいいじゃん。そもそも彼がなにを考えてるか君はまったくわからないわけだろ？　だったら、直接会って確かめるしかないんじゃないか？　いきなり彼のところに押しかけて、問い詰めたりするんじゃなくて、普通に『元気？』って感じで、丁寧に慎重に話してみたらいいと思う。最悪の場合、彼に『2度と話したくない』と言われるかもしれないけど、なにもしなかったら、結局、そういう結末になるわけだ。だったら、ちゃんと話し合いをするべきだよ。なにしろ、君は『相手に自分の気持ちを伝える』というもっとも高いハードルをもう越えているわけだから。

ただ、さらに問題があって、それは君が、たとえ彼がゲイだとしても愛しているかもしれないこと。彼がゲイだったとしたら、君のことを異性として愛することはできないだろう。その場合、たとえ友達でもいいから、彼との関係を保ちたいかどうかは君にしか答えられないこと。だから自分の気持ちをまずハッキリさせることも、この場合、大切なことなんだよね」

毎朝の通勤ラッシュをパーティーにしたい場合

生活の悩み

毎朝の通勤ラッシュが嫌でしょうがない男性。どうにかして、毎朝をパーティーにしたいという相談。アンドリュー、なにか良い方法は？　（25歳、男）

「では、3つのアイデアを述べてみよう。まず端的に音楽。おれは日々の騒音を聴くのが好きだから、ヘッドフォンは苦手なんだけど、自分の大好きな音楽を電車の中で聴いたら、ちょっとは癒されるんじゃないか。ただ、周りに迷惑にならない程度の音量で聴くべし。っていうか、ようするに、その場から逃避できる手段を選ぶのがいいわけだ。まったく周りが気にならなくなってしまう術を身につけよう。それが自分の意志でできれば、もうこっちのもの。ので、ふたつ目のアドバイスは瞑想すること。深呼吸しながら、自分の身から抜け出して、そのボディを客観的に見れるぐらい、その場から逸脱してみるんだ。たとえばサングラスとかかけてもいいかも。そしたら、他人の目も気にしなくなるだろうし。まるで映画でも観ている気分で、自分の毎日を客観的に見てみるんだ。きっと楽しいはずだよ。そして、最後のアドバイス。これはあくまでも助言であり、あまり勧めたくないんだけど、もしかして君の場合は上手くいくかもしれない……ま、パーティーしたいなら、酒を飲むのがベストだよな。普段より早く起きてみて、空腹の状態でガツンと一発やってみたら、絶対に朝の世界も変わるはず」

●確かに。だけど、サングラスかけた酔っ払いが電車で深呼吸していたら絶対に変質者扱いされると思うよ。

「ハァ～ハァ～って。そりゃあ、やばいよな。だけど、みんな自分をよけてくれるだろうから、そういう意味では、ラッシュの不快感から逃れられるかもしれないね」

CDを買いすぎて、1枚1枚に対する愛情が薄れてきた気がする場合

学生時代には、厳選したCDを月に2、3枚買うだけだった男性。社会人になってから買う枚数が次第に増えて、今では月に何十枚も買わないと満足しない状況だそう。たくさんの作品に出会うことで感受性は広がったかもしれないが、1枚1枚に対する愛情が薄れてきたような気がしているらしく、こんな風に音楽を聴いて良いのだろうかというのが彼の悩み。アンドリューだったらどんな人にどう自分の作品を聴いてもらいたい？

（31歳、男）

「えっと、まず君の言ってることはよくわかる。音楽を多く買えるようになったからって、多く吸収できるわけじゃないんだよね。確かに色んな音楽と出会うのは素晴らしいことだけど、もしそれに違和感があるなら、買うCDを限定してもいいんじゃない？　たとえばすごく気になるCDを1週間に1枚買って、その1週間はそれしか聴かないとかさ。で、おれに対する質問のほうだけど、自分の音楽を聴いてくれる人を特定するつもりはないなあ。音楽の聴き方は様々だからね。友達と一緒にいるときに気軽に聴く人もいれば、通勤や仕事や運動のBGMとして使う人もいるし、ひとりで部屋にこもってその音楽に没頭する人もいる。個人的には気になるアーティストの作品を初めて聴くときは、かなり気合入れて聴く。それにしか集中できないような環境を整えて、スピーカーの前に座って、アートワークを噛みしめながらアルバムを聴くんだ。だから、おれの音楽を聴いてくれる人も、そうやって聴いてくれたら嬉しいけど、逆に、BGMとかで流れている曲に、ふっと意識がいく瞬間とかも大好きでさ。それで何回か聴くうちに完全にはまってしまうという。そうやって無意識のうちに好きになってもらえたら、それもそれですごく嬉しいよな。だけど、結局、好きか嫌いかは自分で決めることで、CDが多くあるからって、その中で自分が本当に好きなもの、本当に愛せる音楽を見付けることは必ずできるはずだよ」

職場で重要なポジションを任されることになり、心配で夜も眠れない場合

仕事／学校の悩み

上司からの指示でコツコツと仕事をこなすことを得意としていたのに、最近、突然重要なポジションを任せられることになった女性。正直自分が人の上に立てるのか不安だし、今まで同じ位置にいた同僚たちに偉そうにものを言うことはできないし……こんな自分が職場のまとめ役になれるのだろうか、と考えすぎて眠れなくなってしまった。どうしたらいいの？（34歳、女）

「最近さ、よく周りを見渡して、あの男性はなんであの地位に就任したんだろうか、あの女性はなんでああいう仕事をやっているのか、って考えることがあるんだよね。で、もちろん状況によるところも大きいんだろうけど、やっぱりそれぞれの意志でそのポジションに辿り着いたんだと思うんだ。トップに立ちたい人はトップに立ち、そういうのを望まない人は上に立つことはない。ようするに世の中には権力を望む者と望まない者がいるってことなんだよ。ただ、権力欲がない人間は駄目なわけじゃないんだ。コツコツと仕事をしているだけで満足できる人はいくらでもいるんだよね。そして、なによりも大切なのは自分が満足できることなんだ。お金も大事だけど、満足できないことに毎日の大部分を費やしてもしょうがないもんな。とはいえ、おれはまず上司になることを経験してみるべきだと思うよ。というのも、あなたは上に立ったことがないのに、それに向いてないと最初から決め付けてるわけだろ？　でも、それって実際にやってみないとわからないことじゃないか？　同僚のことを心配しているらしいけど、仕事で上に立つということは、別に人間として上に立つってわけじゃないんだ。あくまで仕事上での上下関係だけなんだよ。それは同僚もわかってるはずだし、君もそれだけの関係だってことを認知するべき。そもそもこれまで同僚と仲が良かったなら、みんなだって親しい人が上司になってくれることを喜ぶはずだと思うよ。とにかく一度はやってみよう。自分を躍進させるっていう意味でも。こんな機会は滅多にない。もし上手くいかなければ、今の状態に戻るだけ。とにかく人間として次なるステップを歩めるチャンスなんで、それを無駄にすることはない。とことんやってやろうぜ」

彼女に「私のどこが好き？」と繰り返し訊かれるうちに、彼女が自分の恋人であるべき理由を見失ってしまった場合

恋愛の悩み

彼女に頻繁に「私のどこが好き？」と訊かれる男性。訊かれる度にこういうところが好きだ、と答えているのだが、どうしても納得してくれない。彼女が求めるのは、自分が恋人でなければならない代替不可能な存在価値……彼女にしかない魅力を言っても、具体的な友人や知人を挙げて、「それは他の人にもある」と言うんだとか。そんなやりとりを繰り返すうちに、彼女が恋人であるべき究極の理由がないという結論に達してしまった。そもそも絶対にこの人だけ！　というお互いの唯一性に確実に裏付けられる恋愛なんて、存在しないのでは？　アンドリューはどう思う？　（32歳、男）

「まず君が彼女にしかない魅力を感じるのはとても大切なことだし、それは決して間違ったことじゃない。人それぞれまったく違うのは当たり前のこと。だけど、個々人の魅力というか、唯一性なんかを述べようと思っても無理に決まってるんだよ。君がなんで彼女に魅かれるかなんて言葉で説明できるわけじゃないんだ。それこそが〝愛〟なんじゃないか？　愛を説明することは到底不可能。君の彼女はなにかを不安がっているのかもしれないけど、人間はそれぞれユニークであり、他人の見方もまた人それぞれ違うんだ。たとえ、彼女と似た性格の人がいたとしても、その人を見る目と彼女を見る目はぜんぜん違うわけだろ？　っていうか、考えてごらん？　君のこれまでの人生はひとつの大きなカオスなんだ。これまで君の人生に起きた様々なことは、それがどんなに些細なことでも、今の君を形成しているんだよ。たとえば今朝起きた時間が違っていれば、もしかしたらまったく違う一日を過ごしたかもしれないだろ？　そんなカオスの中、自分が好きだと思える彼女と出会えたのは素晴らしいことであり、感謝すべきだよ」

●でも彼は彼女が恋人でなければならない究極の理由がないという結論に達したらしいんだけど。

「だけどさ、それってなにに対しても言えることじゃん。そんなこと言ってたら、君がこの世に存在する究極の理由さえもないんだからさ。彼女と恋人でいるのはあくまでふたりで決定したことなんだ。それにつきる。彼女に似ている女の子は他にいるかもしれないけど、君は彼女を選んだ。それ以上、彼女に言うことはないよ」

ストレスで崩した体調が回復したものの、まだ疲れやすい場合

身体の悩み

昨年体調を崩してしまい、現在も病院通いをしている社会人2年目の女性。原因はストレスと疲れだったのだが、現在はほぼ回復し、大好きなロックを聴いたり、ライヴに行って大音量の中汗を流したりと、ストレス発散の糸口も見つけたよう。しかしまだ疲れやすいのが悩みとのこと。アンドリューはいつもパワフルだけど、一体どこからその体力と気力を得て、どう維持しているの!?　（23歳、女）

「いや、おれもストレスが溜まって体を壊すことがよくあった。で、毎日、ストレスを和らげることを考えるようにしたんだ。ストレスが溜まっていることを意識して、それを少しでも緩和できるように努力する、と。ひとつ、よく使う手は、まったく別人として行動すること。自分じゃない他の人なら、この状況をどう乗り越えるかって、想像する感じで。たとえば、君がおれにアドバイスを聞いているように、自分が他人だと思い込んで、自分に悩みを打ち明けてアドバイスを聞いてみるみたいなさ。そうすることによって、客観的にストレスの原因を見極めることができるだけじゃなくて、その悩みのスケールがよくわかるんだよね。たとえば、渋滞とか、遅刻とか、友人とのもめ事とか、そういう日々のストレスがいかに些細なことであることに気付かされるんだ。そういうのが悩みや問題であるっていうより、ちょっとした不便でしかないってことにね。そんなことより、とんでもなく大きなストレスにぶち当たることはいくらだってあるし、そういう問題に直面してないってことを知るだけでも、すごく心が和らぐんだ。で、ストレスっていうのは精神的なことだと思われるけど、ストレスが溜まると体は疲弊する。だから体力を維持するには、ストレスを和らげることが大切なんだ。あとは仕事が忙しくても充分に休みをとったり、普通に運動するのもいい。とにかく日々のストレスをなくすように、新たなエネルギー、新たな意気込みを持ってこれからの人生に挑もうじゃないか。自分の感情をコントロールできるのは自分しかいないわけだし、無駄なことにエネルギーを消費するのはやめよう」

小柄で幼児体型な自分がなんだか嫌になってきた場合

身体の悩み

身長148㎝、体重40㎏とすごく小柄でいわゆる幼児体型の女性。子供の頃からずっと小さかったのだが、コンプレックスを感じたことはちっともなく、「かわいいだろー、へへん」と思いながら生きてきたそう。だが大人になるにつれて「小さくてかわいい」とたくさんの人に言われることが嫌になってきてしまった。外国に行けば常に子供に見られて馬鹿にされている感じがするのも悩み。アンドリューは、子供っぽく見える小柄な日本女性ってどう思う？　（24歳、女）

「前に日本に行ったとき、美しい女性に大勢出会ったんだけど、確かに実際の歳よりだいぶ若く見える人が多かったなあ。だからって6歳とか7歳の幼児に見えるってことじゃないけど。君だって子供に間違えられるって言うけど、それって17、18ぐらいのティーンエイジャーってことだろ？　それってぜんぜん悪いことじゃないじゃん。いずれにせよ、歳をとるにつれ、貫禄もつくだろうし、そのうち歳相応に見られるようになるんじゃないか。たださ、老けてるって言われるよりマシじゃん。『小さくてかわいらしい』って思われるのはなにも問題ないよ。だけど、ひとつわかって欲しいのは、他人の言うこと、考えてることはコントロールできない。コントロールできるのは、その受け止めかた。恐らく君は一生『小さい』と言われるだろう。そして、それを変えることはできない。だけど、それは決して悪いことじゃないし、それをちゃんと認識するべき。そもそも小柄でかわいらしい女の子が好きな人はいくらでもいるし、それは悩むことじゃないよ。あ、あとルックスはしょうがないけど、態度で子供っぽくないとこを示したら、他人もそれに応じるはず。普通に大人っぽく他人と接したら、誰も君が子供とは思わないよ」

恋愛の悩み

優しくない彼氏に見切りをつけるべきか悩んでいる場合

アンドリューの心ある返答にいつも感心している女性から、あまり優しくない彼氏についての相談。日本人男性は他の国の男性と比べるとあまり優しくないと言われているとはいえ、相談者の彼氏は特に心がないらしい。一緒に行ったフェスで彼女が倒れたときも、彼女を見捨ててその後のアクトを観に行ってしまい、おまけに「朝からそれを観るためにいたんだから、観に行って何が悪い？」と言う始末。こんな人には好きだと言われても信用できないし、将来的にずっと付き合っていくことになっても、色々と不安……。彼にさっさと見切りをつけるべき？　（25歳、女）

「ま、察するところ、君自身は彼と別れたがっているんじゃないの？でも踏ん切りがつかないから相談してきたって感じで。おれが思うに、彼とは別れたほうがいいような気がするんだけど。もちろん、彼だって変わる可能性はあるけど、現時点では君が恋愛の対象者に望んでいる人間でないことは明らかなんじゃないか。自分の自己防衛機能っていうか、関係がこれ以上悪化することを無意識のうちに防御している感じだし。でも、彼とちゃんと話すことも忘れちゃいけない。自分の意見をきちんと彼に伝えて、その反応を知るのは大事なことだから」

●でも、どうやら彼は彼女のことが好きだとは言ってくれてるらしいよ。

「そうだったよね。ただ、もっとも陥って欲しくないのは、自分にとって決して心地よくないシチュエーションなのに、その状況に慣れちゃってそれに依存しちゃうこと。そういう人ってわりといるんだよね。特に酷い恋愛相手がいる人は。自分にまつわるそういうドロドロの人間ドラマに酔ってしまうっていうかさ。その関係自体がひとつの形式になって、そこにはまっちゃうのはよくあることなんだ。ただ喧嘩とかが日常茶飯事になってしまうことは、やっぱりおかしいんだから、それは冷静に判断するべきだよ」

いい年した大人なのに涙もろい場合

性格の悩み

もういい年した大人だと自覚しているのに、ちょっとしたことでも涙を流してしまうのが悩みの女性。ひとりの時ならいいけど、人前でもどうにも涙を我慢できないのは困ってしまう。というわけでアンドリュー、涙腺をきつく締めるにはどうしたらいい？
（31歳、女）

「親父が好きなジョークがあるんだけど……。友人におねしょをすると告白された男がその友人に有名な精神科医を紹介したんだけど、数週後、その友人に会ったら、すごく晴れ晴れしい顔でお礼されたらしいんだ。それで『おねしょは直ったか？』って訊いてみたら、『いや、でもおかげでおねしょに誇りを持てるようになった』と言われたという……。ま、なんでも精神科医を頼りにするアメリカ人を馬鹿にした冗談なんだけど、君の泣き癖もそういうふうに捉えたらいいんじゃないか？　感情的な人間は別に悪くないんだから。とはいえ、ある意味、君は自分のことを『すぐに泣いてしまう人間』というふうに思い込んでいるところが少なからずあるんじゃないか？　だったら、そこから解放されるように努力してみればいいんじゃないか。感情をコントロールするのはそう簡単なことじゃないけど、でも不可能なことじゃない。自分が泣いたときに、頑張って冷静になって、なんで泣いているのかを真剣に考えてみるべき。別に泣くのは悪くないからやめることはないけど、とにかく自分が泣いていることに意識してみよう。それを繰り返すうちに、事前に泣くことを察知できるようになるかも。『まただ』みたいな感じで。そこから涙腺をコントロールすることはできるんじゃない？　悩みを相談するほどだから、自分が泣くことは問題だとは認識しているようだから、ここからは君の努力次第。難しいとは思うけど、頑張れよ」

●アンドリューの熱いアドバイスを受けて、泣いちゃうかもよ。

「へへへ。それ嬉しいかも」

腕毛がモサモサするほど毛深い女性の場合

身体の悩み

毛深いのが悩みの27歳の女性。普段から腕毛を脱色して目立たないようにするなどのお手入れはそれなりにしていたので、正直気にはしていなかったのだが、この前友人に「腕毛がモサモサするよ」と言われてしまった。それ以来普段のお手入れだけじゃダメなのかと、かなり気になっているそう。「私の毛深さにこだわる男は、それまでの男！」と思うようにしているのだが、やっぱり男の人から見て毛深い女ってダメなのかどうか、気になっているらしい。因みに彼女は毛深い男性を好きになりやすいとか……。（27歳、女）

「まず気にしていないと最初に言っていた君の態度が一番効率的なんじゃないか？　別に気にしなきゃいけないならそれだけのことだし、正しい毛深さなんかないんだから。で、男のことなんだけど、そんなの人それぞれ。毛のことを気にし過ぎて、すべての無駄毛を処理している女性に抵抗を感じるヤツなんか腐るほどいるだろうし、むしろ毛深い女性のほうが好きなヤツもいるし。ただ、前のおれならここで『なにも気にすることはない。毛が生えていることは悪いことじゃない！　毛があってこそ、君は君なんだ。他の人にどう思われようが自信を持ってわが道を行こう！』っていうようなことを言ってたんだろうけど、思うんだよな、マジでどうでもいいって。いや、これは自分にとって本当に新たな考え方なんだけど、毛深いというアイデンティティから解放されて幸せになれるんだったら、毛を処理しちゃえって感じなんだ。そもそも毛なんか、自分で完全にコントロールできることだし、脱毛したり、脱色したって人間として君はなにも変わらないんだからさ。ま、どっちにしても、たいしたことないんだよ。誰にも迷惑をかけないし、自分にも負担がかからないことなんだから、自分が幸せになれるように好きにしたらいいと思うよ。筋の通った人生を歩みたいってのはわかるけど、それより日々の幸せっていうのもすごく大切なわけで。頑なにひとつのルールに従って生きるより、場合によっては柔軟に生きるほうがよっぽど幸せになれると思うよ」

●なんか新鮮だなあ。

「うん。おれ自身もこういう考え方についてもっと語りたいんだ。というのも、この思考に自分も救われているところがあるからさ。もっと上手く説明できるように頑張るよ」

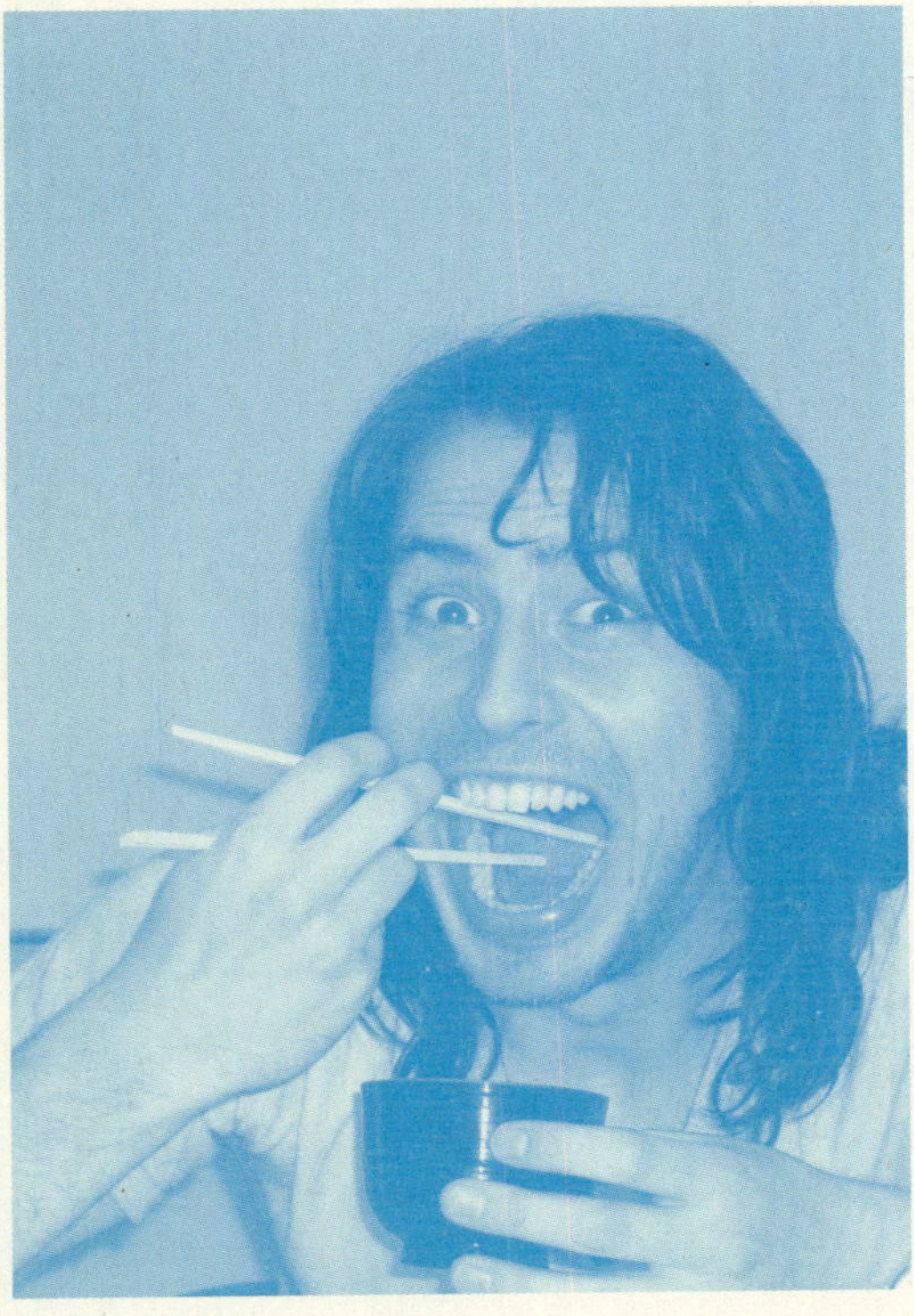

性格の悩み

人の相談に協力したいのだが力になれない気がして辛い場合

よく悩みを相談されるという女性。真剣に相談を聞くうちに、「そんなこと人に聞くなよ」とか「私もいっぱい苦しんでるんだよ」などと思って心ない答えを返してしまい、友人を泣かせてしまったこともあるという。冷たい態度をとってしまう自分は嫌だし、助けを求めている人がいたら少しでも協力したいのだが、素直な意見を言うと友人を傷つけてしまう感じになるらしい。悩み相談をしているアンドリューは、相談を受けていて苦しくならない？ 状況に応じて自分の本当の意見じゃないことを適当に答えてしまったりすることはない？ （25歳、女）

「そうだな、おれがなんでみんなのアドバイスに答えるかっていうのは、ひとつはやっぱり他人に求められたことには、できるだけ応じたいという自分なりのモラルもあるんだけど、それ以上に、これまで自分も他人のアドバイスに助けられてきたところがあるんで、それを他の人とシェアしたいというか、受け継いでいきたいっていうのがあるんだ。結局、人間ってそうやって進化していくもんなんじゃないか。自分のこと、そして他人のことをより知ることで、おれ自身はこの世界でより充実した体験をすることができると信じているんだ。そう思うと、人類みんながこの世界を動かしているわけで、そこに自分もちょっとでも荷担したいところがあるんだよね。あと思うに、人に相談するという行為は、必ずし

も明確な答えを探しているわけじゃないんだ。自分とは違った観点からの意見を知りたい、自分では思いつかなかったようなことを気付かされたい、そういうのを知りたくて人は他人に悩みを相談するんだと思うんだよね」

●なるほど。

「だから、悩みを相談されたときに、それを『なにをやったらいいのか教えてくれ』っていうより、『この状況をどう思う?』っていうふうに受け留めたほうがいいと思うんだよ。おれだって、別に正しい解答なんかあるとは思わないし、この連載ではあくまで自分の意見を述べているだけなんだから。だから、君も素直に自分の意見を述べたらいいだけだと思うよ。もしかして、『それについては特に意見がない』という意見になることもあるかもしれない。それはそれでいいと思うんだ。というのも、最終的にその悩みを解決できるのは悩んでいる本人しかいないんだから。あと、悩んでいるほうも、君やおれに相談してくる前に、自分たちなりにそのことについて深く考えているとは思うんだ。だから、そこまで真剣に他人の悩みについて、君が悩む必要はないんじゃないかな」

●思うに、相談している人も別にここで述べられている意見をそのまま鵜呑みにしているわけじゃないんだよね。極端なことを言えば、「ふざんけんな、アンドリューの馬鹿。そんなの上手くいくわけねぇじゃん」っていうリアクションもありなのかな、と思ったりして。というのも、それもここで述べられた意見の誠実なリアクションであることは間違いないからね。

「いや、本当にそうだよね。そうやってここで述べられている意見を否定することで、自分なりの考えを形成できるなら、それはそれでまったく問題ないと思うよ。むしろただ鵜呑みにされるより、よっぽどそっちのほうがいいかも。ようするに、おれがなにを求めているのかっていうのは、おれのアドバイスが相談者の想像力を刺激することだけなんだ。さっきも言ったように確実な答えなんかないんだから。そもそも確実なものなんかこの世にはないんだよ。すべてが未発達状態なんだ。まるで永遠に蝶になることのないさなぎのように、すべてが常に進化し続けている状態なんだよ。だって、よく考えてみると、自分たちが事実として信じていることが変わる可能性はいくらでもあるわけだろ? 過去と現在と未来ってあるんだけど、確実なのは今この瞬間のみなんだよね。未来が不確定なのは言うまでもないし、過去は記憶でしかない。だから確実なのは現在だけなんだけど、現在とは計れないものなんだよね。1分でもなければ1秒でもない。現在って一体なんなんだろう? そういう意味では、現在さえも明確に実態をつかめないもので、そうなるとますます確実なものは世の中にあり得ない気がするんだ。ただ、人間というのはどうしても確実なものに安心感を覚えるというか、何に対しても『これは正しい』と決め付けることによって、真のカオスを避けているところがある。だから、毎日を昨日と同じものにするように努力したりするわけ。それは進化してないってわけじゃなくて、『昨日はこうだったから今日もこうだ』ってある程度のことは決め付けて生活をしているんだ。そうやって物事を理解しなきゃやってられないからさ。でもね、すべてを確実に理解することは不可能なんだよ。というのも、秩序なんか実はないからね。今、世の中に対して自分が持っている概念は、すべてくつがえされてもおかしくないんだから。ニューオーリンズのハリケーン・カトリーナの災害なんかすごくわかりやすいよね。もう何百年も前に築き上げられていて、少なくともそこに住む人たちにとっては、何十年間も変わっていない街が、ある日、まったく違うものになってしまったわけだからさ。彼らが『こうだ』と理解して信じていたものが、根本から変わったわけだよ。それぐらいカオティックで予想不可能なんだよ、おれたちのリアリティって」

●なんかすごいことになってきたな。

「と、同時に、人々の悩みに答えることは自分の想像力への挑戦でもあるんだよね。根掘り葉掘りあらゆる角度からその悩みを追求するのはすごくエキサイティングなプロセスなんだ。そうすることで、たとえ平凡で日常的な悩みでさえ、すごく新鮮なものとなり、今まで誰も思いつかなかったような解決法に繋がる可能性があるんだよね。まあ、とにかくそうやってこれまで答えてきたことが、相談者自身だけじゃなくて、この連載を読んでくれている他の人の刺激になってもらえれば、相談役冥利に尽きるよ」

人生の悩み

薬のおかげで明るい人格になったものの、本当の自分を失ってしまった気がする場合

10年ほど前からメンタルクリニックに通い、抗鬱剤、精神安定剤などを服用している男性。それまで赤面症だったり対人関係がまったくうまくとれなかった自分が、薬の服用を始めてからはその正反対の性格、フレンドリーな人間になったそう。周りから見れば、「よかったじゃん」となるのだが、自分としてはそれまでの自分=本当の自分が一体どこへいったのかわからなくなり、自分自身にうまく折り合いが付かないのだそう。だからといって薬の服用をやめることは無理な状態。こういう病気なんだから仕方ないと割り切って、ふたつの自分と付き合っていくしかないの？（31歳、男）

「ようするに20代はほぼずっとその薬を服用してたってことか。う〜む、20から30歳っていうのは、肉体的な変化はあまりないとはいえ、精神的に、感情的に、0から10歳、10から20歳と同じぐらい激変するんだよね。50歳とか、ある程度の年齢になるまで、人間はガンガン変わっていくもんなんだよな……〝変わる〟っていう言葉は正しくないかも。というのも変化というのは、あるものから違うものになることを指すわけだけど、人間は常になにかに発展しているわけだろ？　だから、あるタイプの人間から、違うタイプになったと断言することは不可能なんだ。そこで終わるわけじゃなくて、そこからさらに他のものに成長し続けるんだよね。前にも話したかと思うんだけど、人

間とはどうしても〝確実〟を求めてしまう生き物で、物事をルーティン化するのが得意なんだよね。昨日とまったく同じような日を今日も過ごすっていうかさ。そこから不確定な要素を除くことで安心しちゃうって感じで。で、自分に対してもそういう制約みたいなのを課しちゃうんだよね。昨日の自分はこういう人間だったから、今日もこういう人間だ、って。でも、さっきも言ったように、人間は常に進化しているわけだろ？　そんなところで、よく考えるのが〝自分らしさ〟という概念。もし、〝自分はこういう人間だ〟と確実に断定できるなら、その時点で人間として進化してないってことだろ？　凍ってしまっているっていうか、死んだってことだ。そう考えると人間のアイデンティティというのも、自分たちを安心させるために勝手に決め付けていることだったりするんだよね。もちろんその決め付けは、これまでの人生経験、これまで自分が感じてきたこと、考えてきたことによって形成されているんだろうけど、結局、それもただ単に意見であり、思考でしかなくて、確実なものではないわけだろ？　それこそ日々進化しているんだよ。おれが思うに、人間の本質というものは形成されていくもので、最初から存在するものじゃないんだ。つまり、日々の行動によって人間のアイデンティティは決まっていくんだよ。生まれつきあるもんじゃないんだ。だから〝本当の自分〟っていうのは、あくまで自分で決めていって、自分で形成していくものなんだよ。で、君の悩みなんだけど、10年前までは嫌な思いをすることが多かったんだけど、それを解消する方法を見付けたってことだろ？　つまりそれは薬を服用することなんだけど、そこで君は薬に影響された自分が果たして〝本当の自分〟かって疑うようになってきたわけだ。でもさ、薬を服用しているのはあくまで自分なわけだよな。それによって、嫌な気持ちだったのがなくなり、よりよい〝自分〟に変身できるってことをわかっているから薬を服用しているわけだろ？　すべて自分発信なんだよね。だからこの悩みを抱えるようになったのも、〝本当の自分〟のおかげなわけだ。すべては自分が自分でやっていることで、だから今の自分こそが〝本当の自分〟なんだよ。わかるかなあ？　もし〝本当の自分〟じゃなかったら、そんな疑いさえもできないわけだろ？　そう思わないか？　これも前に話したことなんだけど、〝自分〟という人間をより知るために、自分の感情や自分に対する思いを記録していくっていうのがいいと思う。自分が『こういう人間だ』と決め付けちゃっているときに特に気をつけて記録していくとおもしろいかも。それによって、アイデンティティという概念自体を疑っちゃえるんだよ。そもそも人間が〝本当の自分〟じゃなくなる瞬間ってあるのか？　大好きなパンテラの曲があるんだけどさ。〝ウォーク〟っていうんだけど、〝自分じゃないものにはなれない！〟という歌詞が特に好きで、最初は『そうだ！　自分を偽るな！　リアルになれ！』って盛り上がってたんだ。でも、よくよく考えてみれば、自分じゃなくなることなんて不可能なんだよね。たとえば胡散臭い性格のやつがいたとしても、それはおれがやつに対して抱いている概念でしかなくて、その胡散臭さこそが、その人の本来の姿だったりするわけだ。いつもクレイジーなことをやってみんなを楽しませていたトニーっていう友達がいたんだけど、最近、悪ふざけをやめたんだよね。それでみんなに『おまえらしくないぜ』って言われているんだけど、ようするに彼は彼なりに進化したわけなんだ。トニーがトニーじゃなくなったわけじゃないんだよ。そんなことはあり得ないんだよ」

●彼の場合は薬という外的なものに影響されて、自分の性格が変わってしまっていると心配しているらしいけど、よく考えてみると、音楽であったり、恋人であったり、人の性格を変えるものはほとんど外的なんじゃない？

「そう。おれ個人は薬を服用するのはなにも悪くないと思うけど、もしそこで罪悪感が生まれるなら、また体に悪影響があったとしたら考えるべきかも。どちらにせよ、それはすべて君が決めて、それによって君のアイデンティティは発展していくんだよ」

鼻息が荒くてよく怒られる場合

身体の悩み

自分の鼻息がどうも荒いようだと気付いた女性。あまりにもブーブーうるさい鼻息のせいで、電話の相手に「うるさい！」とよく叱られるのが悩み。というのもため息を鼻からぶっ放す癖があるのが原因らしい。さほど重大な悩み事ではないんだけど、ブーブー聞こえる鼻息、直せるのなら直したい。解決法は!?
（23歳、女）

「はははは！　おもしろいなあ、おれの知り合いにも息が荒いやつらがいるんだけど、基本的には鼻っていうより、口で息しているのがうるさいって感じだからさ。鼻息が荒い人は個人的には知らないなあ、まあ、いてもおかしくないんだろうけど。ちょっと待ってくれ、ブファー、ズーズーズー!!　ねえ、聞こえた？」

●うん。

「今、思い切り鼻で息してみたんだけど、かなりハードだった。覚悟を決めて集中しなきゃ、ノイズになるほどの鼻息はできなくて、それはそれで一種の才能かもしれないなあ。まあ、でも自分でも鼻で溜め息する癖があるってことを自覚しているわけだから、この問題を解決するのにいいスタートを切れていると思う。おれが思うに、これをゲームかと思って挑戦してみるのがいいんじゃないか。勝ち負けはあまり関係ないゲーム。つまり、鼻で息をしたら負けという設定を自分の中で作っちゃって、意識的に口で息をするようにするという。楽しいと思うよ。君が言うようにそこまで気にすることじゃないんだから。普段息することを意識することなんかないだけに、自分の呼吸のパターンなんかをリサーチするのは新鮮なはず。もしかしたら鼻息が荒いのは電話で話しているときだけかもしれないし。そうやって自分で意識的に息のしかたをコントロールしてみようよ。それが駄目なら、コンビニでミントを買おう。メンソールは効くぜ！」

人ごみが苦手な場合

性格の悩み

人の多い場所がダメで、そういう場所に行くといつもイライラしたり怖くなったりしてしまう女性。特に苦手なのは、混雑した電車だとか。人ごみのストレスをなくすための解消法ってある？
（28歳、女）

「前にもこういう悩みあったな。おれの場合は、対人ストレスみたいなのは人が多くなるほど解消されるんだよね。人が多ければ多いほど、その人たちのことが気にならなくなってきて。あまりにも多いので、ひとりひとりの人間から感じるプレッシャーっていうのがなくなるっていうか。ひとつの塊になって、自分もその一部としか思えなくなるんだよね。ただ単に〝ワン・オブ・ゼム〟って感じになって、自意識みたいなのが薄れてしまうんだ。おれはだから、人が多いと逆に自分の感情がなくなって無になれるんだよね。でも逆にもしかして、そうやって自意識が薄れてしまうことに恐怖を感じているっていうのもあるかも。空港とか駅って、人間を移動させるだけのために作られた場所なんだよね。まるで家畜かのように人間を動かすって感じで。そこにいる人間は自分の意志で動けなくなり、ある意味、人間性を剥奪されるんだ。おれはそれに怒りや恐怖を感じることはある。駅とか空港、そして飛行機や地下鉄って、そういう意味で、すごく不思議なんだよね。そんな中、自分が置かれた空間を客観的に見て、たとえば『あれ、ここにはこんなおかしな人がいるのに。あの人も変だな』って、まるで映画の脇役でも見ているかのように周りの人に注目してみるのは面白いんじゃないかな。その空間を自分の中でエンタテインメントに変えてしまうっていう。そうすると、自分の怒りや恐怖もエンタテインメントになってくるんじゃないか？　映画に登場する人たちのそういう感情と同じように。共感することはできるかもしれないけど、それに不安を感じることはなくなるかも。とにかく一回楽しんでみようよ」

ビールが飲めない場合

身体の悩み

今年20歳になり、よくお酒の席にも出るようになったのだが、どうしてもビールが飲めない。スピリタスなど度数が強いお酒は飲めるのに、ビールになると最初の乾杯用の1杯も飲み干せないのが現在の悩み……ビールって、どうやったら飲めるようになるの？　（20歳、男）

「ビールって面白いよな。おれも酒を飲み始めたときにビールに対してすごく疑問を抱いていた。というのも、酒を飲むというのは、すなわち酔っ払いたいためであって、だったらビールなんかよりもっと強い酒を飲んだほうが効率的だと思ってたからさ。だってウィスキーかなんかだったら2杯ぐらいで酔えるのに、ビールだと5、6杯飲んでも酔わなかったりするだろ。だからビールを飲むのは馬鹿らしいってずっと思ってたんだ。でも実はビールってすごく社交的な飲み物なんだよね。泥酔するために飲むっていうより、ほろ酔いを味わうために飲むって感じで。だから、友達とのパーティーとかにはもってこいなんだよね。ビールなら長い間、飲んでられるし。昔は、ただひたすら酔っ払いたいから飲酒してたけど、最近はそういう社交的な飲み方っていうのも身に付くようになったよ。だから、最近はもっぱらビールばっかり。君がなんでビールが飲めないかはよくわからないけど、昔のおれもそうだったように、もし炭酸が嫌いなら気が抜けるまで置いといて、それから飲んでみるとか、口に含めてうがいをしてみるっていうのもいいかも。でも一番いいのは、まずスピリタスで泥酔してからビールを飲むこと。泥酔してたらなにも気にせずなんでも飲めるはずだからさ。だろ？」

●そのとおり。

「もうひとつ考えられるのはあえて嫌いなことをやって、それを嫌がっている自分を面白がること。どうやら君はビールを飲んでみたいらしいから、『マズッ！』ってビールに反応する自分を、まるで他人が見てるかのように『なんでこんな美味しいものをマズイと思うんだ、この味音痴』って馬鹿にするっていう。結局、味の概念なんか人それぞれの思い込みにすぎないんだから、それを変えることは可能なはずだよ」

悩みがない場合

性格の悩み

悩みが思いつかないというのが悩み、という男性からの相談。（15歳、男）

「すげえな、それ。自分も最近、なにが悩みなのかぜんぜんわからない。というのも、物事を〝悩み〟として捉えるのを最近は避けているからさ。でも、それこそが問題なのかもしれない……むむ、なんて答えたらいいのかわからないなあ。逆にこっちが悩んできた。でも、おれと似たような心境の人がいて嬉しいよ。とはいえ、悩みがない自分に戸惑ってしまうのもわかる。なんか自分が空っぽな存在だと感じてしまうって言うかさ。でも、そうじゃないんだよ。人生に挑戦するべきことがないとか、生き甲斐がないのと、悩みがないのはぜんぜん違うわけだから。やっぱり悩みがないのは問題ないことだよ。そもそもみんなそこに到達したいから、わざわざおれに悩みを相談してくれてるわけなんだから」

両親の仲が悪く、おちおちひとり暮らしを始められない場合

人生の悩み

去年から父と母の仲が良くないという高校生からの悩み相談。父は母の態度が冷たいことが気に入らず、母は父のだらしなさに腹を立てているのだとか。大学へ進学し、ひとり暮らしをする予定だったのだが、両親の不仲を理由に母にひとり暮らしを止められているそう。自分が家を出て父がふたりきりになるのが嫌な母。この状態では家を出ることもできない……どうしたらいいの？　切実な悩みです！
（16歳、男）

「親が仲良くない状態ってすごく共感できるよ。おれもそういう経験あるし、かなり辛いよな。あと実家から離れるときに色々と不安になってしまうのもわかる。で、聞くかぎりそうとは思えないけど、自分が実家から離れることにふんぎりがつかないから、それを親の不仲のせいに少しでもしているとしたら、それは絶対に止めよう。君はもう実家で過ごすべき時間を過ごしたんだし、それを続けるか続けないか自分で決められる立場に君は辿り着いたんだ。自分のパッション、自分のやりたいことを追求することはなにも悪くない。もちろん、親思いであることは必要だし、できる範囲で彼らが問題解決できるように尽くすのも大事だけど、考えてみな、彼らは君以上に大人なわけだろ？　そして今いる現状は望んでいなかったかもしれないけど、ある程度は自分たちで切り拓いてきたものだろ？　ようするに君の責任ではないんだ、君の親が今置かれている状況は。だから君が未来を犠牲にする必要はないし、自分の道を突き進むことに対して罪悪感を感じる必要もない。そもそも君が解決できる問題じゃないんだから。親が自ら解決しなきゃいけないんだよ。それがどういう結果になるかわからない。だけど、君が自分の幸せをこれから自分の力で追求していくように、親もそれぞれ自分たちの幸せを自分たちの力で追求するべきなんだよ。それが一番いいと思わないか？」

生活の悩み

純日本人なのに外国人だと勘違いされてしまうことが煩わしい場合

純日本人なんだけど顔つきが日本人離れしていて、名前も「アンナ」という洋風な名前なので、よく外国人と間違われる女性。外国人だと思われること自体は別に嫌じゃないのだが、新しく会う人にいちいち説明しなければならないのは面倒だし、全然英語が話せないのにレストランで英語で話しかけられてしまったりするのが大変で困っているとか。もしアンドリューが同じ境遇だったら、どう対応する？　（17歳、女）

「むむ、これは悩みっていうより体験って感じじゃない？　問題とは言いがたいかも。もちろん、経験しているのは君だから一概に問題じゃないとは言えないけど、客観的に思うのはこれは問題というより、むしろよくあるシチュエーションというふうに考えたほうがいいってこと。そもそも外国人と間違えられることってそんなに嫌なことなのか？　確かに誤解されることは気持ちよくないけどさ……。でもそれってちょっと自意識過剰になっちゃっているところもあるんじゃないか？　自分の容姿を気にすればするほど、周りに外国人と思われていると思ってしまい、さらに気にするようになってしまうという、悪循環に陥ってる可能性があるよね。だからこれからはその瞬間を記録しよう。外国人と間違えられるときを毎回メモする癖をつけるんだ。そしてその回数を自分が毎日会う人の数と照らし合わせてみよう。たいした確率にはならないんじゃないか。でもさ、どっちにしても、他人が考えていることをコントロールすることは不可能なんだよ。変えられるのは自分の気持ちの持ちようのみ。手術して外見を変えることは確かに可能だけど……。まあ、たとえば日本語の本とか新聞をなるべく携帯するとか、初対面の人には自分から日本語で話し掛けるとか、小さい努力はいくらでもできるし、最初に言ったようにこれは問題というよりよくあるシチュエーションって片付けて、『またかよ』って笑い飛ばして、あまり悩まないことがベストだと思うよ」

プロポーズの言葉が思いつかない場合

恋愛の悩み

彼女と一緒に暮らし始めて2年の男性。そろそろプロポーズをしたいと思ってはいるものの、いいプロポーズの言葉が思いつかないのが悩み。アンドリューだったらどんなプロポーズをする!?

（28歳、男）

「実はつい昨日、親と結婚について話したばかりなんだよな。別に今結婚したいわけじゃないけど、もし結婚するとしたらどういう形でやるべきかって話をしていて。最近、2回ほど離婚した知り合いと話す機会があったんだけど、彼の話を聞いて自分の結婚観も変わってきて。というのも、自分はずっと儀式としての結婚には興味なかったんだよね。別に愛し合うふたりが一緒になるためには結婚することさえ必要ないとも思っていて。でさ、その離婚した彼もそんなふうに思っていて、物々しい結婚式っていうより、パーティーに近い結婚式しかこれまでやったことなかったらしいんだ。でも今振り返ると、もっとシリアスに結婚を扱うべきだったって言うんだよね。それぐらい神聖なもので、軽く扱うものじゃないってさ。で、おれもなんとなくそれもそうだと思うようになって。確かに結婚の儀式は必要ないものかもしれないし、それは純愛とは関係ないかもしれない。自分とはまったく無縁のしきたりなのかもしれない。でもさ、どんな文化でも結婚という制度は必ずと言っていいほどあるし、絶対に重んじられている行為なわけじゃん。しかも、おれとしては一生に1回しか経験できないものだと思いたいし。なので、そのときぐらいは私心を捨てて、素直になってもいいんじゃないかって思うようになったんだよね。別にそのときぐらいは何百年、何千年も続いている伝統に身をゆだねてもいいんじゃないかって。なんとなくそうすることで、その日の意味合いが深くなるような気がするし、それを基盤により深い絆をふたりの間に築き上げられるんじゃないかと思うんだ。ま、君が結婚についてどう思っているかわからないけど、そういう気持ちをふまえてのおれのプロポーズの言葉は『ぼくは君のことを愛している。そして一生一緒にいて欲しいと思う。これはぼくが心の底から真摯に思っていることです。だから結婚してください』って感じになるはずだよ」

●それが今のアンドリュー流だと。

「そう」

●パーティー・ハードではないと。

「いや、これこそおれがずっと唱えていることにもっとも忠実な言葉なんじゃないか。おれはそう思うんだけど。結婚はマジなんだよ。一生涯で一番真面目になって考えるべきことかもしれない。だから、結婚するときこそマジにならなきゃいつマジになるんだ？　そう思うんだ」

犬になりたい場合

特異な悩み

愛犬のゴールデンレトリーバー（♂）、CUTS君（愛称：かぺちゃん）が死んでしまい、非常に落ち込んでいる高校生から。かぺちゃんは生きているものの中で一番好きな存在だったし、これからもあんなに愛せる存在には出会うことができないだろうと思うほどかわいがっていた愛犬。なぜ自分は生きているのに、かぺちゃんは生きていないの？とさえ考えるようになった。そして将来は犬になりたいらしいのだが、この先どうしたらいい？

（17歳、女）

「え？？？？」

●いや、ぼくもどう解釈したらいいのかさっぱりわからない。

「犬として生まれ変わりたいってことかなあ。輪廻転生っていうか」

●いや、でも将来っていう言葉はそれほど遠い未来を指す言葉じゃないから、どっちかっていうと「大人になったら犬になりたい」って感じじゃない？

「うむ。まず、犬が亡くなったことは本当に気の毒だね。おれも子供の頃に犬を飼っていて、正直、君とCUTS君ほどの仲とは言えないけど、それでもすごく悲しい出来事だったからさ。CUTS君は世の中に1匹しかいないし、そんな愛犬を失うのはとてつもなく悲しいことだろう。で、そのために君が犬になりたいって気持ちもなんとなくわかる。ちょっとでもCUTS君という存在に触れ合いたいってことだろ？　でさ、おれが思うに犬になるには3通りの方法があるんだ。ひとつ目は手術。最近いるじゃん、タトゥーとか、トカゲだったり猫だったり、タトゥーとか、あと牙とかヒゲを体に植え込んだりしてさ、人体改造をはかる人とかさ。あんな感じで犬っぽく耳とかを整形するのはどうかな。CUTS君の写真を医者に持っていたら彼っぽくなれるはず。そこまではさすがにできないってことなら、普通に犬っぽく振舞うこと。これは努力さえすればできるはず。だってさ、オオカミに育てられた少年とかいるぐらいなんだからさ。彼らは普通の人間にはないオオカミにしかあり得ない能力を身につけているわけで、だから君だって努力次第では人間離れした、犬ならではの特徴を身に付けられるかも。毎日犬をじっくり観察し、その独特な動き、行動パターンを学んでみよう。そして吠え方から食べ方からすべてを真似てみるんだ」

●それやばくないか。犬って人間と同じような理性とかないし。

「いや、人間としての理性をなくして徹底的に犬になりきるんだ。ただ、法律を犯さない程度でな」

●それ犬になりきれてないじゃん。

「でもなるんだ」

●で、3つ目はどうなの。

「まあ、犬になることは無理だと思うからたとえば獣医になるっていうのはどう？　犬のことがそんなに好きで、犬という存在に触れ合いたいなら、世の中の犬を救うというのを自分の専門職にしたらいいんじゃないか？　別に悲しむことはいいんだよ。そしてＣＵＴＳ君のことを毎日思い出すこともいい。ただ、君がたとえ犬になったとしてもＣＵＴＳ君は戻ってこないんだよ。だから、そこにこだわってもしょうがないと思うんだ。それよりその悲しみをもっと建設的なエネルギーに変えて、ＣＵＴＳ君、そして犬に対する君の愛情を違う形で表現してみたらいいと思うよ。そしたらＣＵＴＳ君の思い出も失うことないしさ。頑張って立ち直ってくれよ！」

自転車に乗りながら優雅にMP3で音楽を聴きたいけど、交通事故が心配な場合

趣味／嗜好の悩み

先日、MP3ウォークマンで音楽を聴きながら優雅に自転車に乗っていたところ、車に轢かれそうになってしまった相談者。爆音で聴いていたわけではなかったのだが、聴いていた音響系全開のエレクトロニカにのめり込みすぎてつい周りの状況が見えなくなってしまったらしい。今後の教訓としては良い経験になったのだが、やっぱりこれからも外出する時にはMP3を使っていきたい。でもこのままではまた危険な目に遭うかもしれないので不安……一体どうしたら良いのでしょうか？

（23歳、男）

「固定の場所以外で音楽を聴くのって興味深い体験だよね。つまり部屋とか、一定の場所ではなく、君のように携帯プレイヤーにより自由自在に、あらゆる場所で音楽を聴くのは本当に面白い。あとヘッドフォンというのも、スピーカーで聴くのとはまた、まったく異なった体験だし。というのも五感のうちひとつ、ようするに自分の周りの現実を測定するひとつの感覚が、つまり聴覚が、不自然なもの、つまり音楽に、完全に支配されてしまうからさ。スピーカーだと、いくら音が大きくても、音楽以外の音、たとえば自分の呼吸とか聞こえるけど、ヘッドフォンだとそれさえ遮断されてしまう。だから、自分の周りの空間、視覚や嗅覚によって感じる環境が、ヘッドフォンにより歪曲されるんだよね。目にするものが音楽によって違うように見えてきたり、ただ歩くという行動がやたらドラマチックになっちゃったり、自然だと『あり得ない』空間を自ら作り上げてしまうんだ。そうすることによって、自分の心境さえ別なものに変えることができる。だから、君が言う『周りの状況が見えない』とい

うのはすごく理解できるよ。で、解決策だけど、自転車に乗りながら音楽を聴かないこと」
●はい。
「で、ここでそれに関係するあるアイデアについて話したいんだけど、移動時間、それが電車であろうと、歩きであろうと、車であろうと、その時間ってすごく特殊な時間なんだよね。ある目的に向かって動くための時間であるけど、移動することが最終目的ではないという。だから、多くの人は、その時間を他のことに費やす。音楽を聴いたり、電話で話したり、雑誌を読んだりさ。だけど、実は移動というのも体験できるもので、それを実感するのも面白いと思うんだ。移動しているときに周囲に気を付け、その環境に没頭するという。それにより、新たな思考や想像が生まれることはいくらでも考えられる。本とか音楽に頼って、移動時間を他の目的に挿げ替えるんじゃなくて、その時間を自分が好きに思考を巡らせる自由時間というふうに位置付けるんだ。忙しい毎日だと特にそういう時間は貴重だったりするんじゃないか」

上司の髪型のせいで集中力が落ちてきた場合

仕事／学校の悩み

上司の髪型が気になってしまって仕事に集中できなくなってしまった女性の悩み。上司は毛が薄いためにとても微妙な髪型をしているのだが、その髪型がすぐに乱れてしまうのが気になるらしい。失礼にならないように本人に気付かせたいのだが、何かいい方法はない？　(30歳、女)

「何気に難しい質問だなあ。失礼じゃない方法ってあるのかな？　そもそもそれを気付かせるのはそんなに大切なことなのかなあ。ひとつ思うのは、逆に髪型を褒めるってこと。それで髪の毛を意識させるという……。多分、上司だとなかなかストレートに言いにくいだろうからさ。クビになったらたまんないもんな」

●上司との関係にもよるし。

「それも大切。何でも言えるボスなら、髪型のアドバイスとかしてあげられるもんね。だけどさ、そもそもどんな髪の毛なんだよ、そんなに気になるほどワイルドなのって？」

●どうなんだろうね。日本にはてっぺんのハゲを横の髪の毛で隠すというバーコード頭っていうのがあるんだけど、知ってる？

「(笑)。バーコードってあのピッてやつ？　マジかよ。想像付くけど、傑作だなあ、それ(笑)」

●でさ、あの髪型って風が吹いたらかなり変な形で乱れるんだよね、横だけ、しかも片方だけが長いからさ。ぼくはそんなバーコードが乱れたときの髪型を想像しているんだけど。

「それは確かに衝撃的だな。だけど、それだけワイルドってことは逆に尊敬に値するって考えてもいいのかも。そう思わないか？　なかなかいないし、やりたくてもそんな髪型は普通できないよ。だからそれは彼の個性として尊重するべき、そうしたらもう気にならないはず。明日からは彼の髪型をリスペクトしよう」

汗かき防止のために
ブラをきつくしめてみたい場合

身体の悩み

とっても汗かきなことが悩みの女性から。その汗っかきっぷりは、通勤中の電車内で顔から汗が噴出して、ばっちりメイクしたのに会社に着く頃にはボロボロになるほど。どうしたら汗をかきにくくできる？「ブラをきつくしめると良い」と聞いたことがあるそうだが、果たして本当に効果ある？ どうなのアンドリュー？ （22歳、女）

「は？ ブラをきつく……。そんなの聞いたことないけど、どうなの？」

●いや、ぼくも聞いたことない(笑)。「えっと、まいったなあ。まあ、でも、もしそう聞いたことあるなら、試してみる価値はあるはず。そして信じること。おれはそれが効かない理由が考えられないから、多分、大丈夫なんだろう。で、もし効いたら絶対に報告するように。おれも是非、試してみたいから」

人のインタヴューをするとき、死ぬほど緊張して吐きそうになる場合

『ロッキング・オン』のニューヨーク特派員、中村明美からの質問&悩み相談。今朝起きたらいきなり円形脱毛症になっていたという。髪の毛はタップリあって、日頃は能天気なのに……。どうして禿げたかわからない。しかし、ストレスと言えば思い当たることとも。それは人のインタヴューをするとき、死ぬほど緊張して吐きそうになること。インタヴューされている側のアンドリューとして、どう思う？ どうしたら緊張しなくなる？

（XX歳、女）

「緊張することってすごく強烈な感覚だよね。できれば味わいたくないってのもわかるけど、その大半は自分に原因があるし、嫌だったら避けることだってできる。だってさ、インタヴューする前に緊張するなら、やらなければいいだけの話だろ。それが君の仕事なのかもしれないけど、嫌なら仕事を辞めればいい。それは君が決めることだから。でも君は辞めない。なぜなら君にとってその仕事は緊張すること以上に大事なものだからなんじゃないか。緊張することは自分がコントロールできない感情だと思うかもしれないけど、そうやって緊張する状況に自分を追いやっているのは、結果、自分自身なんだよね。おれだって吐きたくなるほど緊張することはあるよ。

たとえば最近自分のDVD『知るか！』の試写会をやったんだけど、試写が終ってからピアノを演奏したんだ。あのときはグランドピアノが用意されてたんだけど、もう、恐怖としか言えない感情が体中に渦巻いていた。でもさ、よく考えてみればそれって恐怖とは違うんだよね。だって自分に『じゃあ、演奏するのを辞めるか？』って訊いてみたところ答えは間違いなく『ノー』だからさ。

性格の悩み

それで自分のそのときの感情について色々と考えてみたんだ。で、あの感情はハイパーフォーカスというか、体が自然にそのイベントに向けて全神経、全エネルギーを集中させて、準備させてくれたってことなんじゃないかって思って。逆に完全にリラックスしきった状態で、あの緊張がなければ、あそこまで集中して、最高のパフォーマンスをこなすことは到底無理だろうからさ。だから君の場合もインタヴューする前に吐くほど緊張することによって、体が自然と最高のインタヴューに向けて精神を整えてくれてる、と考えられるんじゃないかなあ。それがたとえ不快に思えてもさ。君はこれまでいくつものインタヴューをこなしてきたわけだろ？　でもそのたびに緊張するってことは、やっぱりインタヴューすることはいまだに君にとって大事なことであるって証拠なんだよ。もし、それがただの仕事であり、最高の結果を求めてなかったなら緊張しないだろう。おれにとって演奏することだってそう。何度やっても緊張する。それは人前で演奏することがおれにとって大事なことだから。君はインタヴューする前にどうしても緊張してしまう自分に誇りを持つべきだよ。それだけシリアスに仕事と向き合っているということだからさ。そこまで仕事に感情移入できる人はそういないよ。あとさ、それだけ緊張しただけに、インタヴューが上手くいくと最高に満足するだろ？　そうやって緊張感を上手く利用するのもコツだよ。緊張を否定するんじゃなくて、それを糧に最高の仕事をやるという。感情は自然なことなんだ。だからどんなに不快でもそれは決して悪いことじゃないはずなんだ。少なくとも何も感じないより、たとえネガティヴでも感情が生まれるほうがよっぽどマシなんだから」

●いや、素晴らしいアドバイスだね。でさ、される側として、アンドリューはインタヴューの前に緊張したりするの？

「それは滅多にないな。インタヴューは本当に好きなんだ。いわゆる音楽活動に付随するもののなかでは一番好きだよ。だって、好き勝手なことを話して、それをみんなが聞いてくれるんだから。そんなふうに長話する機会ってなかなかないじゃん。だからインタヴューを自分の考えをまとめる場として利用することにして、いつもすべてを曝すようにしている。それで自分のことをより理解できるようになったと思うんだよね。それにしても、今回は素晴らしい悩みだったな。さすがインタヴューをこなしている人だけあるよ。ただ、この質問を考えたときには緊張したのだろうか？」

SEXは愛情表現のために必須なことだと思っているのに、恋人はさほど気にしてくれない場合

恋愛の悩み

付き合って半年ほどの彼女と、最近SEXのことで口論になる男性。愛を育むためにSEXがとても重要なことだと思っている彼に反し、「SEXなんて、そこまで気にするようなことではない」と言う彼女。日本は世界的に見てもSEXの回数が少ない国らしいが、恋愛においてSEXとはどんな存在なの？アンドリューはどう思う？

（19歳、男）

「なるほどね。まず愛っていうもの自体がすごく曖昧なんだよな。たとえば家族に対して感じる愛、友達に対して感じる愛、または音楽みたいなものに対して感じる愛、それと恋愛感情みたいなものはすべて愛だけど、すべて違う。そして、それらの中でどれが一番大切なのかなんて絶対にわからないんだよね。ただ、恋愛感情だと、それをSEXという形で端的に表現できるという。だからSEXというのは、すごくわかりやすいもんで、そういう意味で、彼女がSEXのことを軽んじてるのも納得はできる。恋愛感情の表現方法のひとつに過ぎないからね。でも、人間は繁殖する本能があって、それこそSEXなわけで、だからもっとも原始的な行為でありつつも、同時にふたりの人間にとってもっとも高尚で親密な行為だったりもする。だから、SEXは大切だと思っている君と、SEXのことなんか気にするな、という彼女はふたりとも間違ってないんだ。それがSEXの面白いところで、ようするに人それぞれだし、双方がどういうSEX観を持っているかによって、その体験もまるで違うものになってくる。で、君らの問題はそのSEX観を共有できてないこと。だから、もう、これは彼女のSEX観をはっきりと理解することしかないんじゃないか。彼女はもし

かして『たかがSEXごとき』と自分に言い聞かせてるだけで、そこを深く追求すること、君とのSEX、君との関係に深入りすることを躊躇しているのかもしれない。もし君が今の関係に納得していないならそれを探る必要はあるのかも。あと彼女の言うように『SEXなんて、そこまで気にすることない』ってことなら、彼女だってそれについて話すことを気にしないんじゃないか。たいしたことないなら、普通にオープンに話したらいいだけのこと。でも、それができないんだとしたら、彼女にはちょっと矛盾を感じちゃうかも。とにかくお互いのSEX観をハッキリさせて、その気持ちを共有できるかを探ってみるべきだよ」

虫に負けない
強い男になりたい場合

性格の悩み

虫が大嫌いの男性。先日家にゴキブリが出て、本気で引っ越そうかと思ったほど虫が苦手らしい。虫に負けない強い男になるためにはどうしたらいい？

（20歳、男）

「まずなんでゴキブリが嫌いなんだろう？　自分よりぜんぜん小さいわけなんだけど、そういう小さいものが自分の家に侵入してきて、好き勝手やっているのが気味悪いのか？それって自分の家が守りきれてない錯覚に陥るってこと？　コントロールしきれないところにカオスを感じるってこと？」

●いや～、まあ……そういうことなのかなあ？

「おれの部屋だってよく蚊が入ってくるんだけど、それを殺すたびに、蚊を殺したっていうより、自分の生活圏から侵入者を撃退したって思うんだ。おれの生活を乱すもの、脅かすものを退治したって感じなんだ。あとそうだ、おれんちはよくネズミが出たんだけどさ、最初のうちは殺さないことにしてたんだよ。特に害がなさそうだったし、それよりもネズミを殺すことによって、すべてをコントロールしようとしている自分に疑問を持ったんだ。別にすべてをコントロールできなくてもいいんじゃないか？　ネズミという予測不可能な存在が自分の人生にいてもいいんじゃないか、ってね。そもそもすべてをコントロールすることはできないからさ。ただ、できるのは、そういうものに対する自分の感情をコントロールすること。だから、たとえば今度、君の嫌いな虫が登場したら、その虫とできるだけ有意義な時間を過ごしてみるのはいいのでは？たとえば殺してからでもいい。とにかくその虫に対する自分の感情を把握するようにしよう。なんで嫌いなのか、なんでここまで恐いのか、この虫は果たして自分にとってどんな害があるのか？　あと、その虫が登場したことで、自分の人生が乱れたのかどうかも考えてごらん。多分、なにも変わってないと思うんだよね。ただ、自分が過剰に反応しちゃってるだけで。だから問題は虫じゃなくて、自分のリアクションなんだよね。別に虫を好きになれとは言わないけど、虫ごときで気分を害することはないんだよ」

●で、アンドリューの家のネズミはどうしたの？　まだいるの？

「うん、実は最近はあまり見ないっていうか、やっぱりネズミ捕りで駆除したんだ。というのも、最初は自分に害がないからいいや、って思っていたんだけど、それが本当に増えちゃってヤバイことになってさ。まさに支配された感じだったんだ。留守中に観葉植物とかを全部食べちゃう勢いで、かなり酷くて。そうそう、あるときなんか買ってきたばかりの食べ物をテーブルに置いて、洗面所に手を洗いに行った瞬間、カサカサっていう音がするから、まさかと思いキッチンに戻ってきたら、もう既にネズミが食べ物にたかってたんだ。あれにはまいったね。だから、処理することにしたんだ」

自分のおじいちゃんが最低な場合

生活の悩み

いつもムスっとしていて、ときどきムリヤリな理由で八つ当たりしたりする相談者のおじいちゃん。彼曰く「最低な人」らしい。しかもいつも寝すぎだとか。なのに、テレビの旅番組の入浴シーンや『○○殺人事件』のお色気シーンなどを観るときは、まるで美しい映画を観ているかのようにとても綺麗で澄んだ目をしている。これも相談者からすると最低なんだとか……。

（22歳、男）

「むむ、で、悩みは？ ただおじいさんが嫌いってことなのかな？」

●多分。

「まあ、悲しい話だよね。おれが思うに、人は年を重ねるにつれ賢くなるものなのに、君のおじいちゃんは人に嫌がられるようなことをするようになっているという。なんか、性格悪くてもいいやって、開き直っちゃってる感じがするな。で、まずそれが気になるのならその原因を追究してみたら。親に昔からそうだったのか、訊いてみたりするとかさ。あとさ、君はどうしても彼のことを〝おじいちゃん〟というふうに見てしまうかもしれないけど、一旦、その関係を切り離して、彼のことを他人として接するのはどうかな。他人だったら、家族と同じようにぞんざいに扱うわけにはいかないだろうし、そこからなにかが生まれるかもしれないだろ。家族として冷たくあしらっているから、おじいちゃんも卑屈になってる可能性があるわけだしさ。まず君のほうから気を遣ってみれば。で、そのエロじじい的な傾向については(笑)……まあ、君が嫌がるのもわかる。でも、君のおじいちゃんだって男なんだよ。別にそんなことでおじいちゃんの人格を否定することないんじゃないか。実はおれも自分の親父がAVにはまっているのを目撃したことがある。そのときはかなり失望したよ。でも、それはやっぱり彼のことを〝父親〟、つまり高尚な存在として敬っていたからなんだよね。自分と同じように性欲を持った並大抵の人間として親父のことを思いたくなかったんだ。でも、親父だって人の子だし、おれとなにも変わらない人間であり、男なんだよ。それに気付いてから、彼がAVにはまっているのがあまり気にならなくなった。君のおじいちゃんだって性欲がある普通の人間なんだよ。それはちゃんと認めてあげなくちゃ」

●だよね。でもおもしろいことに相談者は男なんだよね。女性なら気にするかもしれないけど、男でもこういうのって気にするんだ。

「いや、おれだって親父がちょっとでもエロオヤジ的なそぶりを見せたらかなり気になった。若い頃は親父が母親以外の女性のことを気にかけていることが理解できなかったぐらいだ。すごく軽蔑してしまったし、いやらしく思えた。でもそんなことないんだよ。親父も人間なんだよ。だから、君もそんなことでおじいちゃんのことを見下していたら、あまりにもかわいそうじゃないか。仲良くしてやろうぜ」

別れた恋人にまだ未練があると勘違いされてシャクな場合

恋愛の悩み

3年付き合った彼と別れた女性。彼の方がさめてしまったようでふられてしまったそう。それは仕方のないことだと割り切れたのだが、彼女をふった彼は、今でも彼女が自分のことを好きだと思い込み、調子に乗っているのがシャクにさわるんだとか。彼とは今後友達にはなると思うが、そんなおめでたい性格にちょっとあきれ気味。男の人って、自分にふられた女はずっと自分のことを想っていると思うのでしょうか？　アンドリューはどうですか？　（24歳、女）

「あきれて当たり前だよ。哀れだもん、そいつ。彼はそうやって調子に乗ることによって、別れの痛みをごまかして和らげてるんだからさ。でもわかるよ、その気持ち。自分からふっているのをいいことに、相手のほうが未練あるって思い込むっていう。おれもそういうふうに思って自分の傷を癒したことがあるからさ。自分じゃなくて、相手にすべてをゆだねたほうが気持ち的に楽なんだよね。でもひとつ思うのは、君だって彼のことを悪者に仕立てようとしてないか？　もうスッキリ別れたなら、別に彼が君に対してなにを言おうと、どうでもいいだろ。そもそもなんで君は彼の行動を把握しているの？　それって未練がある証拠じゃないか？　6ヶ月。おれは少なくとも6ヶ月は彼との連絡はまったく打ち切るべきだと思う。職場が一緒だったりしたら難しいかもしれないけど、それでも自分の人生から彼を切り離すように最大限の努力をするべきだよ。面倒かもしれないけど、それぐらい距離を置くことは今の君にとっては絶対に必要。逆に恋愛の浮き沈みが好きな人っているよね。別れてくっついて、勝手にドラマやってる人たち。それもありなんだろうけど、君がもしそういうのを避けたくて、完全に彼と別れたいなら、それなりの努力は必要なんだよ。そうじゃないと、彼が作り上げるドラマに君が巻き込まれるだけだから。ある意味、これは彼が君の気を引こうとする行為でもあるように思えるし。でさ、君は客観的に彼の行動を観察しているようだけど、同じように自分の行動、自分の想いをもう一度客観視するべき。彼のことを完全に切り離せてない自分がいることに気付くはずだよ。そして、彼がどうしてようが気にしない自分を発見できるまで、自分の人生から彼を切り離すように努力しよう。別に君が感じてること、彼が感じてることは決して悪くない。ただ、お互いにまだ未練があるようだから、早いうちにそれを完全に解消しちゃおうよ」

夫に対する愛が強すぎて、夫が鬱病になった場合

人生の悩み

結婚をして5年になる主婦からの悩み相談。夫婦そろってロックが大好きで、音楽、映画の趣味もぴったりだったのだが、相談者の夫に対する愛が強すぎて最近夫が鬱病になってしまったらしい。もちろん彼女だけのせいではないかもしれないけど、夫にべったりしすぎるのも原因のひとつだと言われ、悩んでいる。夫に対する大好き度が日に日に高まっているので、夫が会社から帰ってくるととにかく一緒にいたいらしい。夫には「うざい、しつこい、自分の時間をくれ」と突き放されるのだが、そうすると負けずとますますくっつきたくなってしまう……。ふたりに子供はおらず、最近では離婚話も切り出されているという状況。夫のことが好きで好きでどうしようもないのって、どう思いますか？（26歳、女）

「やっぱり夫がひとりの時間を欲しがっているなら、その気持ちを尊重してあげるべきじゃないか。誰にとってもひとりでいる時間は大切で、君は夫が仕事している間に、そうやってひとりで過ごしていて、だから夫が帰ってくるとすごく嬉しくなっちゃうのかもしれないけど、夫にはそういう時間がまったくないわけだろ？　しかも、そうやって時間が欲しいと言ってるんだから、それを叶えてやってもいいと思うんだけど。

彼は正直に自分の気持ちを打ちあけているわけだから、君も素直にそれを受け止めてあげる必要がある。恐らく君は彼とちょっとでも離れると、さらに溝ができてしまうと恐れているんだろうけど、おれはそうは思わないな。彼の気持ちを大切することによって、ふたりの関係はより強くなるはずだよ。旦那さんもハッピーになるだろうし。でさ、それが一番大切なんじゃないか。君だって夫に幸せになって欲しいわけだろ。ちょっと夫から離れることによって、逆に夫が君から離れなくなると思うよ。とにかく今のままじゃあ、完全に悪循環なんで、なにかを変える必要はある。勇気を出して一旦、夫と距離を置いてみようよ」

変人に囲まれていてもやはり突出した変人として目立ってしまう場合

性格の悩み

地元でよく変人と呼ばれ、それが嫌だったので「木の葉は森に隠せ」とばかりに、変人が多いと定評のある学校に進学した男性。にもかかわらず、そこでもまた変人と言われているそう。一体どうすればよいのでしょう。アンドリュー兄貴、アドバイスをお願いします！ （19歳、男）

「すごいな、おれが学校で経験したこととまるで同じだな。中学のとき、すごく変人扱いされていたから、ちょっと特殊な高校に進学することにしたんだ。そこならおれも上手くやっていけるだろうって言われてさ。でも、結局、そこに行っても目立つ存在になっちゃってね。すぐにみんなと仲良くなれたわけじゃないんだ。でも、しょうがないよね。人間ひとりひとり違うんだから。だから自分が他とは違うってことを受け入れて、そしたらそれほど変人扱いされるのが嫌じゃなくなったんだ。ようするにどう捉えるかってことなんだよ。人間は超基本のところではみんな一緒なわけで、朝起きて、夜は寝て、その間にあらゆるものを感じながら生きていると。でも、それ以外はまったく同じ人なんかいないんだよね。確かにある組織に属しているほうが安心するのかもしれないけど、どんなに仲間が多い人だってやっぱり孤独を感じるわけで、それは人間としてしょうがないことなんだよ。だから君もそんなに心配することないんじゃないか」

生死、宇宙、時間といった〝世界〟存在についての答えが見つからなくて不安な場合

特異な悩み

幼い頃から自分自身の生死や宇宙の存在、時間の流れなども含めた〝世界〟がなくなったらどうなるのかと考え続けてきた男性。もし世界がなくなったら……という不安と恐怖で、いてもたってもいられなくなるそう。そんなこともあって学生時代は哲学科で〝存在とは何か?〟を散々勉強したのだが、いまだに答えが見つからない。その不安と恐怖を忘れるためにロックに狂っているのだが、このままでは自分自身が狂ってしまいそうだという。来年には初めての子供も生まれるのに、このままでは父親なんかになれない! アンドリュー、どうか助けてください。（28歳、男）

「まず、人間としてそういうことを考えたり、不安を感じたりすることは当り前のこと。ただ、君の場合は、それを自ら勉強したわけで、それはすごいことだよね。尊敬するよ。おれも、よく自分の死について考えることがあった。すごく怖くて、ようするにそれこそ自分の知っている世界がすべてなくなるってことなんだよね。でも、そのうちそれは恐怖じゃないってことがわかってきて。恐怖を超越しているっていうか。世界がなくなるのを自分が想像できるわけがないからね。あまりにもとてつもないコンセプトだから、どう感じていいかわからなくなってしまうっていうかさ。ひとつ思うのは、自分が死ぬという事実は誰も変えることはできないわけだろ? 世界が毎日変わっていることも誰も変えることができないわけだろ? そしたら、それこそが君が求めていた答えなんじゃないか、ということなんだ。もし、君の手でそういうことを解決できるんだったら、不安がるのはわかるけど、逆にどうしようもないこと

に対しては無気力だって自覚しちゃうと、不安に思えることがなくなってしまうんじゃないか。結局、コントロールできるのは自分の感情だけ。すべてを主観的に受け止めたらいいんだよ。そしたらパニックとか感じなくなるはずだよ。そもそも君がこういう概念にずっとこだわっているのは、そこに安堵を感じるからかもしれない。わかる？　ちょっと倒錯した考え方だけど、知らないことに対しての不安や恐怖があまりにも日常的になっちゃって、それがないと物足りなさを感じちゃっているっていうかさ。特に小さい頃からそういう不安があっただけに。あとさ、ロックに逃避を求めているようなことを言ってたけど、もしかして、それこそが答えだってこともあるんじゃないか。おれも昔は音楽っていうものは、君が感じているような不安に比べたら、あまりにも無意味なものと思っていた。だけど、最近は違うんだ。逆に不安を解消してくれる音楽、それがたとえ一時的だとしても、それこそが答えのような気がしてきたんだよね。ここまで高揚させてくれるものはないし、いつだって不安を解消してくれる。実存主義とか、君の勉強していることは本当にエンドレスだと思う。だからこそ、不安を感じてしまうのはしょうがないと思う。だけど、それは必ずしも悪いことではない。だって、なにかを感じているわけじゃん。そして、それをさらに追究することで、君はそれに強いエモーションを感じたわけだろ。君はそれを不安と受け取っているけど、それだけインパクトのあることに、毎日立ち向かえる人はそういないよ。そういう意味で、君はラッキーなんじゃないか。なにも感じない人だって世の中には大勢いるんだからさ」

身体の悩み

片二重の場合

片目だけ二重なんですが、という相談者にどうぞ。(21歳、男)

「そんなのあるんだ。どうやら日本では二重まぶたにするために手術する人までいるらしいじゃん。だったら君は、ちょっとだけ得してるって考えられるよね。たとえば眼帯を使うとする。どっちかの目を隠すことで、気分によって、一重になったり二重になったり、色々と演出できるってことじゃないか。もちろん、本当に嫌なら手術ってことも考えられて、その場合は、片方を一重にするか二重にするかでOKだから、手術費も半額になるという。でもたとえばさ、マリリン・マンソンみたいに目の色が左右で違う人もいて……彼の場合はコンタクトらしいけど、でもそういう人って実際にいて、それはそれで魅力的だよね。すごくユニークだから。別に人間の体は完璧に対称である必要はないんだよ。どうやら日本人は〝西洋的〟な容姿に憧れて二重にするらしいんだけど、だったら君の場合は、西洋と東洋、両方の魅力を備えているから、それを上手く使いわけたらいいんだ。一重のほうで世界を見ると、東洋的な感覚で物事を捉えられて、二重のほうだと西洋的な感覚で物事を捉えられると。それって、実際にすごく使える能力なんじゃないかなあ」

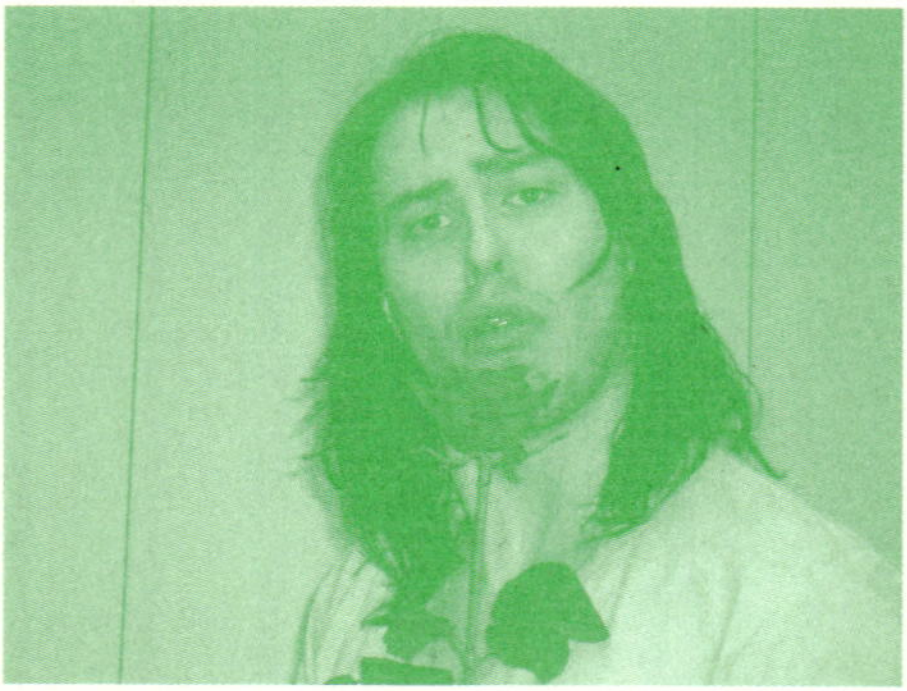

「はい」と言うときに この世のものとは思えない奇声を発してしまう場合

身体の悩み

人に呼ばれて「はい」と言うとき、声が裏返ってこの世のものとは思えない奇声を発してしまうという悩み。直したいのだが、どうも無意識にしてしまうことなのでなかなか直せないんだとか。このクセを直すにはどうしたらいい？ ちなみにアンドリューには変な癖ってある？

（19歳、男）

「なるほど、喋り癖か……。まず、自分の声をすごく意識することかな。自分の声が裏返ってる状況を把握するのは大切。落ち着いて『はい！』と言えるように練習して、次に言うときに、裏返らないように努力しよう。逆に、『はい！』と返事しなければいいんじゃないか。たとえば『イエス！』と答えてみるとかさ。そうしたら裏返らないかもしれないよな……あとさ、君の声って元から高いんじゃないの？ だったらすべて1オクターブ下げて話してみるっていうのも効果的かも。そしたら、裏返りにくくなるだろ」

●逆に全部裏返しちゃったら不自然じゃなくなるかも。

「なるほどな！（甲高い声で）こういうふうに普段から話していれば、『はい！』って裏返っても、誰も気にしないもんな。それでいいと思う。うん。マイケル・ジャクソンもあえて声を高く話しているということだし。本当は普通に喋れるらしいんだけど、わざとあいう声にしているらしい。だから、君もマイケルを見習って、元から声を裏返すようにしたら、誰も君の奇声を気にしなくなるはずだ。頑張れよ」

息子の死生観がシニカルすぎて、どう接していいかわからない場合

人生の悩み

息子との人生観の違いについての悩み相談。相談者自身は自分が生まれてきたことはもちろん、過去の失敗を含めこれまでの人生全てを肯定する性格なのだが、20代の息子は正反対で、「生まれてきたのは仕方ない。でも生まれてこない方が楽で良かった」という意見。息子は自分を持て余しているために「人間」という存在自体にシニカルで否定的なようだ。こういう息子に、母親としてどう接したらいい？　（47歳、女）

「なるほど……つらいなあ。本人と直接やり取りできればいいんだけど。でもひとつ思うのは、おれも若かったころ、まあ、今20代だから10代のころの話になっちゃうけど、そのころ自分は、親の前では自分の感情をより過激に、より大袈裟に表現していたというのがあって。主張を聞いてもらうためなのか、親の前だったからついつい調子に乗っちゃうためなのか、理由はよく覚えてないけど、必要以上に嫌な感じで親に接していた時期は確かにあったんだ。そういう時期はおれに限らず、他の人にもあるというのは聞く。もしかしてあなたの息子もそういう局面にあるのかもしれない。だから息子がそう言ってるからって、それをすべて鵜呑みする必要はないかも。誰だって無責任に過ごせた幼少時代を経て大人になると壁にぶつかることだし、それが楽しくないのは当たり前のこと。それは誰もが経験して、いずれ自分で自分の生き方が見えてくるはずなんだと思う。もちろん、そうじゃなくて、息子が本格的に鬱状態で精神的にまいっている可能性もないとは言えない。自分から前に進むことができず、本当にモチベーションがどん底の状態なのかもしれない。その場合は、ちゃんと対応するべきで、

それこそ専門家に診てもらう必要もあるかも。とにかく、この段階でできることは、きちんと息子と話して、彼が何を考えているか把握すること。ただ、自分に置き換えてみて、もしそういう無気力な状態にあるときに、母親が『楽しいことはいくらだってあるんだから、頑張って人生を謳歌しよう』と励まされても、絶対に言うことは聞かないと思う。だから、とにかく冷静になって、息子の気持ちになって話を聞いてあげること。ただ、ひとつだけ注意して欲しいことがあるんだけど。息子がそういう状態だからって、あなたもそれの巻き添えを食らって、一緒に惨めになってしまうのだけは、絶対に避けてくれ。そうなると、誰も救われなくなるから」

●難しいよね。実際に問題を抱えているのは彼女自身じゃないからさ。

「うん、でも彼女も息子がそういう状態にあるという問題を抱えているわけだから。もちろんおれが、直接、息子と接することができたらいいんだけど、そうはいかないから、とにかく息子の話を聞いて欲しい。彼の言っていることを否定せず、とりあえず何を考えているかハッキリ言ってもらうこと。もしかしたら、それを言うだけでも、彼の気持ちは晴れるかもしれないしさ」

恋人と音楽の趣味が合わない場合

音楽の悩み

大のデスメタル好きの彼氏と音楽の趣味が合わなくて困っているという悩み。彼氏にデスメタルについて語られてもぜんぜん心に響かず、特にドライブ中に聞かされるデスメタルは苦痛なんだとか。車に乗せてもらっている手前、文句は言えない。こんなときどうすれば良いの!?

（30歳、女）

「え～っと、最近、こういうことあまり考えなくなっちゃったんだよね。おれも昔、そういううるさい、エクストリームな音楽をよく聴いてたから、それがいかに過激で、人にとっては不快感を与えるものかってことはよくわかっているつもりだけど」

●アンケートによると彼女はボブ・ディランが好きらしいよ。あとはカサビアンとリトル・バリーだって。

「（笑）間違いなくデスメタルじゃないな。えっと、ふた通り答えてみたい。ひとつ目はすごく当たり前なことで、まず君は彼氏にデスメタルが好きじゃないことを言ったことあるの？ もしかして、君の頭の中では、彼と同じ音楽を好きになることは重要だと思っているかもしれないけど、君たちの関係にとって音楽ってどれほど大切なのか？ まず、それを見極めるべき。それを言うということによって彼が傷ついてしまうことなら、思い直したほうがいいかもしれないけど、彼だって『あ、そうなの』ってあまり気にしないかもしれないじゃん。そもそも本当に音楽そのものが苦痛なのか？ それとも問題はもっと根深いところにあるのか？ また音楽そのものが悪いのか、あるいは自分の彼氏がそんな音楽を聴いていること自体が許せないのか？ あらゆる角度からこの問題を切ってみるべきだよ。ふたつ目に、デスメタル好きになったらすべては解消されるんじゃないか。君が好きな彼が好きなんだから、そこにはなにか〝いい〟要素があると思わないか？だって君の彼氏が聴いてる音楽だぜ。これをキッカケに趣味の範囲を広げるというのもいいかもしれないよ。

最近、おれは音楽の好き嫌いで悩むのがアホ臭くなってきて、別に相手が自分の好きじゃない音楽を聴いてるからって、本当に好きな人だったら気にしないようにしている。むしろ、なんで彼女が好きなのかを考えて、自分も好きになれるか考えてみたりするんだ。そしたら意外と好きになれたりするんだよ、これがまた。まあ、いずれそんなことで悩んでいた自分を笑い飛ばせるようになるぐらい、強い関係を結ぶようになってくれよ」

●ふたりの趣味をうまく融合させた音楽があればいいんだけどね。

「そうだよ。必死に探してみたらボブ・ディランをカバーしているデスメタル・バンドが実際にいるかもしれないから！」

努力するのがとにもかくにも大嫌いな場合

努力することがどうしても嫌いな男性。努力をしなければ何事も成し遂げられないということはわかっているし、努力をしない自分は、社会で生きていくことをなめているんだろうな、という自覚もある。だけど、どうしたって努力が嫌いで、どんなに大事なところでもふんばれない。このままではパーティー・ハードな楽しい人生を送れそうにもない……努力家の立派な人間になりたい！　どうしたらいいんだろう？（25歳、男）

「まず自分がこういう悪循環にはまっているということを自分自身で認識していて、さらにそれをはっきり言葉にできることは、それだけでもなにかしら成し遂げたことになるし、そのためには努力が必要だったはず。だって悩んだだけじゃなくて、それを解決するためにアクションを起こしたわけだからさ。あと、これは問題っていうより、自分が自分を追い込んだシチュエーションでしかないんだよね。外部の影響はまったくなく、すべて内省的という。おれもたまにモチベーションに関して悩むことがあるんだけど、そういう場合って自分に対する目標、期待が高すぎるためだったりするんだよね。ようするに、なにをするにもある程度の基準に達していなきゃいけないって思い込んでしまい、それが大変そうだから、やる気が起きなくなるとい

性格の悩み

うパターンだ。そして、そこに1回はまってしまうとなかなか抜け出せなくなってしまうんだよね。そして、それがたとえ悪循環であろうと、一種のパターンにはまってしまうことに人間って満足してしまうんだ。それによっていじけたりしても、その気持ちも一種の安堵感をもたらすというかさ。でも君は、そんな思いを認識し、言葉として表現し、その手紙を『ロッキング・オン』に送ることによって、ちょっとではあるけど、その悪循環を打破したんだよね。そして、そのときのマインドがこれからなによりも大切になってくるんだ。そんなのたいしたことないって言うのかもしれないけど、そう思うことこそ君の努力を妨げている最たる原因だったりするんじゃないか。君は悩みを相談しようと思って、それをやり遂げたわけなんだよ。だろ？ パターンにはまることは簡単だけど、それを打破するのも同じぐらい簡単だったりするんだよ」

●そうそう、どうしても「努力が嫌い」な人だったら、わざわざ手紙なんか書かないって。特にEメールが当たり前のこの時代に、ハガキに字を書いて、切手を貼ってそれを送る人って、すごくないか？ ぼくなんか、かれこれ5年ぐらい、そんなことしてないよ。

「まあ、それは極端かもしれないけど、でも確かに、この悩みを『ロッキング・オン』に送ることで、君は努力できないわけじゃないことを証明している。しかも君の相談は適当な感じがしないし、それなりに客観的に自分がどういう人間かふまえた上で書かれているものだし。おれが思うに、まず自分にレッテルを貼るのを止めよう。自分が『努力が嫌い』な人間だって言い切ったところで、それ以外に選択する余地がなくなるから。それを言うなら、『努力が嫌いだった』のほうが当を得ていて、なぜならこの悩みを書いた時点で、君は努力が嫌いな人間じゃなくなったわけだからさ。そもそも君の悩みを聞く限りでは、おれは君が物事を深く考え、なにか問題があればそれを解決するために努力する人間という印象を受けているわけだし。わかる？ 自分では『努力が嫌い』と言っているけど、この手紙でしか君を知らないおれからしてみれば、そんなやつとは思えないんだよ」

●あと『パーティー・ハードできそうもない』って書いてあったけど、ある意味、こうやってアンドリューとコミュニケーションしているってことはパーティー・ハードしているんじゃないか？ その時点で、また自分の思い込みを否定している気がするよ。

「そのとおり。これはやれない、これは嫌いって決め付けてもしょうがないってこと。実際に、これは立派なパーティー・ハードなんだから」

通りすがるだけで不良にからまれてしまう自分が情けなくなる場合

生活の悩み

近所の公園やコンビニに不良やヤンキーがたまっていて、近くを通るだけでからまれてしまう男性。からまれる度に落ち込んでしまうので、最近ではどうにか避けているのだが、彼らを避けなければいけない自分にも情けなくなる。アンドリューは不良にからまれた経験ある？　不良にはどう対処したらいいの？　（16歳、男）

「うん、これは多くの人が共感できることなんじゃないか。君みたいに若くなくても、自分はなにもしてないのにからまれることはあるからさ。まず、逆の発想をしてみるのはどう？　彼らがなぜそう振舞うのか考えてみるんだ。そうすることによって、相手のことをより意識するようになって、自分の存在をこの事態から切り離せるようになるんじゃないか。おれは小学生、中学生のころにいじめられた体験がある。冬用の帽子をよく取られて、からかわれたことがあるんだ。すごく不思議だったよ。なんで、おれなんかにかまうのか、さっぱり理解できなかったんだ。それまではみんなに無視されてた存在だったのに。『あ、これがイジメなんだ』って感じだったよ。それってすごく惨めにさせられるんだよね。でも、結局さ、そういうやつらこそすごく弱くて臆病者で、そうじゃないと自分に言い聞かせるために、自分より弱い者にちょっかい出してるだけなんだよ。だろ？　自分がその不良だと想像してみろよ。それ以外に君にからむ理由なんかないだろ？　自分たちに反応する弱いやつを見て楽しんでるだけだよ、そいつらは。だからさ、まず一番いいのは、シカトすること。まったく反応しないやつは気味が悪いし、面白くないから相手もいずれはひくと思う。結局、どんな対人関係もふたり以上いないと成立しないんだ。ようするに君が反応しなきゃ、君が無になれば、そこには関係が生まれないし、対立もない。だから、不良を避けることはまったく情けなくないんじゃない？　別に不良たちと立ち向かうことが、君にとって意味のあることだとは思えないからさ。特に君の場合は、その不良どもになにか脅かされている感じがしないし。場合によっては逃げられないのかもしれない。立ち向かわなければ大切な何かを失ってしまう可能性があるのかもしれない。闘うことは否定しない。だけど無駄な闘いは、文字通り無駄なんだ。たとえば彼らのせいでそのコンビニに行けないとする。だったら他のコンビニに行けばいいだけの話じゃないか。それってそんなに大変なことなのか？　そっちのほうが、よっぽど楽だと思わないか？」

●本当にそのとおりだと思うよ。でもさ、違うかもしれないけど、この不良たちがマジでやばい連中だったら？　日本はアメリカほどではないとはいえ、かなり危ない、それこそ命を脅かしてくるようなやつらだっていなくはないからさ。

「確かにそういう危険にさらされて毎日を歩む人たちが世の中には大勢いるのはわかる。本当に酷い話だと思う。おれ自身はそういう犯罪が日常茶飯事の環境で育ったことはないけど、でも、そんな環境だとしても、とにかく無駄な対立は避けて、自分が楽と思える道を突き進むしかないんだよ。危険が多ければ、それだけ考えなくちゃいけないんだろうけど、とにかくできる範疇で無駄な対立を避けよう。もし、今回の相談者もそれぐらいの危険に脅かされているなら、それを避けて過ごしている君は情けないどころか、今後のサバイバルのために不可欠なスキルを身に付けてるわけだ。それは決して間違いではないよ」

しょんべんが近い場合

しょんべんが近い相談者は、どうすればいい？（30歳、男）

「はははははは。いくつだって？」

●30歳だって。

「むむ。でも、それって前立腺の問題が生じてもおかしくない歳だな。もし本気で気になるようだったら医者に行ったほうがいいかも。あと膀胱炎だとトイレに行く回数が増えるというし。あと量にもよると思うけど、もよおしたときにはどれぐらい出るの？」

●書いてない。

「少ないならただ膀胱が小さいだけかもしれない。これって最近の症状なのかなあ？」

●書いてない。

「まあ、昔からのことなら、君の膀胱が小さいってことで問題ないだろう。ただ我慢はよくない。もよおしたらできるだけ早く出しちゃおう。間に合わないことが多かったら成人用のオムツという手もあるから」

●（笑）ぼくはよくレコード屋とか本屋でCDや本を物色していると、もよおすことがあるんだけど――。

「いつも？」

●だいたいね。しかも小も大も。

「マジかよ？　ただ、確かに家でボケっとしているときは、急なもよおしって滅多にないよな。だけど、一旦そういう快適なゾーンから抜け出した瞬間、突然行きたくなることはあるかも。脳みそが『今だ！』って、こっちにとっては最悪な瞬間に内臓に指示しているみたいに、便通が急激に進むっていうかさ。あれ、たまんないよな」

●確かに。でも、頻繁に出すことは体にとってはいいんじゃない？

「そうそう、新陳代謝が優れているってことだから。がんがん不必要なものを体から排泄することは、とってもいいことだ」

身体の悩み

GO TO A NIGHTCLUB
IN NEW YORK CITY

趣味が「悩むこと」の場合

趣味／嗜好の悩み

趣味・特技が悩むことだという女性。こんなに悩んでいいのかというほど悩むらしい。ヒマだと悩む、仕事に飽きたら悩む。起きている時間は何かしら悩んでいるのってどうなの!?

（24歳、女）

「なるほどね。前にあった悩みがないことが悩みの人の真逆ってことだね。ただ、悩みがまったくないのもいいんだけど、自分のことについて悩むのも建設的ではあるんだ。というのも、悩むことによって、自分をよりポジティブな方向へ進ませることができるから。なにも考えなかったら、自分を改善することさえもできないもんね。でも、ただ単に退屈だから悩むのってどうかと思うよ。ある意味、悩むことにより、逆に現実逃避している感じで、それに対してはすごく矛盾を感じるよ。だから、まず自分がなんのために悩んでいるか客観的になって考えてみよう。悩むことによって自分を変えたい、自分を進化させたいという気持ちを自分に対して働かせているのか？　そうやって自分のことを思い、だから逆に悩んでいるなら、それは君が人間としてパワフルだってことを証明していることになると思うんだ。自分のなにかが嫌だから、それについて考えるのは大切なことだよ。でも暇つぶしに悩むのは危険だよ。そういう気持ちに自己陶酔しちゃって、そこに浸ることによって自分を満たすのは健全じゃないよ」

●でも、そういう時期ってあるよね。特にロックが好きだったりすると、自己憐憫がむしろすごくクールなことだと勘違いしちゃったりして。

「うん。確かに若いころってそういうのに憧れたりするよね。自分の人生が退屈に思えて、そのためにいらぬドラマを自分ででっち上げていくっていうね。自ら自分を惨めな方向へ導いて、退屈な人生をそういう気持ちで穴埋めしていくわけだ。おれも昔そうだったよ。あえて自分を気分悪くさせて、その苦痛に浸るっていうさ……。まあ、どちらにせよ、その状態を打破するためには、自らアクションを起こすしかないんだよね。ただ、ひとつ思うのは、自分が悩むことが好きだって客観的に判断できている意識は、とても大事だと思う。ようするに自分がどういう状態にあるのか自分でわかってるわけだからね。その意識を失わず、自分にとって一番健全と思える道を進んだら上手くいくと思うよ」

ディズニーランドが好きじゃないのに、仲良しの友人によく誘われる場合

生活の悩み

仲のよい友人グループがしょっちゅうディズニーランドに行く計画を立てるのだが、実は自分はディズニーランドが好きではなくて困っている女性。お金もかかるしたまには断りたい！　でもノーとは言えない。なにかうまい断り方は？　（26歳、女）

「今、君が言ったように〝ノー〟と言えばいいだけ。いつも言うことだけど、ハガキに書いてまで相談してきたってことは、ある程度、自分なりにこの問題について考えたってことだよな。しかも、君は具体的に値段が『高い』と述べているわけで、行きたくない理由もハッキリしていて、それは妥当な理由でもあるわけだ。そうやって自分なりに導き出した結論を、友達に告げたらいいだけだと思うんだけど。それを言うだけで、果たして相手は嫌な気分になるのかな？　逆に自分が相手の立場でなにか断られたら嫌な気分になるか？　そもそも友達も、行く気のない人と行くよりか、ハッキリ断られたほうが気持ちいいんじゃないか。友情とはお互い素直になれるから成り立つもので、そこで偽っているよりか、君がおれに述べてくれたように『ディズニーランドはそれほど好きではない。しかも値段が高い』と言ったほうがいいと思うよ。逆に友情にはある程度の義務みたいなのも付き物だっていうのもわかる。友達だからこそ、たとえ乗り気じゃなくても無理して付き合うみたいなさ。そうやって相手に気を使うことも確かに大切だけど、そればっかりに捉われると、ただ無駄なエネルギーを浪費してしまうことになる。やっぱり、ここは正直に言うべきなんじゃないか。あと、ディズニーランド以外に、なにかみんなで楽しめることを、自分から企画してみるってのはどうだい？　そうやって積極的に自分からグループを先導していくのもいい解決策かもよ」

留学することになったものの、闘病中の父をおいていくことに心の迷いがある場合

人生の悩み

小さいころからの夢を叶えるために、英国留学をしようと決めていた女性。学生時代はお金がなかったので、社会人になってから2年間お金を貯め続け、最近やっと留学できることになった。しかしそんな矢先に父に癌が見付かり、今も抗癌剤で治療をしている。癌なので、再発の可能性もある。すぐに再発しないかもしれないが、1年後に再発するかもしれない。そんな状態の中、父をおいて留学するか悩んだが、結局行くことに決めた相談者。しかし渡英中に父にもしものことがあったら後悔の念でつぶれてしまいそうで不安とのこと。そもそも父をおいて留学することはどうなのか? そしてこの心をどう処理したらいいのでしょうか? アンドリューのアドバイスは……。

(25歳、女)

「ジャン=ポール・サルトルの『実存主義とは何か』っていう本があるんだけど……彼の本にしてはすごく短くて、読みやすいからお勧めするけど、そこにこの悩みとまったく同じような話が綴られてるんだよね。軍隊にいきたい若者の話なんだけど、母親が病気になっちゃうんだ。それでサルトルにアドバイスを聞きにいくんだけど、サルトルは『正しい答えはない』と答えるんだ。ようするに軍隊に行っても、母親を看病しても、どっちもいいことも悪いことも付いてくるって言うんだ。本当にそのとおりなんだよね。わかるか? で、君の場合もそうで、イギリスに行ったら、ようやく夢を実現できたという満足感でいっぱいになるはず。だけど、どこかに父親に対しての不安も残るわけだ。でも逆に父親を心配して日本に残るとする。確かに父親のそばにいることで不安は拭えるかもしれないけど、夢を捨てたこと

に対する後悔の念は絶対に拭うことはできないだろう。だから、どっちを選んでも、いい思いと嫌な思いに付きまとわれるんだよ。だから『正しい答え』なんかないんだ。どっちも同じ。この悩みにはシロもクロもないんだ。でも、人生ってそういうグレイゾーンだらけなんだよ。だから自分がいいと思った道をとことん追求するしかないんだ。君はイギリスに行くって決めたんだろ。だったら、精一杯イギリスを満喫するべきだよ。それこそ君が満たされる唯一の道なんだ。おれたちは、なにか決断をくだすとき、すぐに『正しい答え』を求めてしまう。グレイゾーンにはすごく不安にさせられるんだよね。でも、世の中ってそれほどシンプルじゃないんだ。君の場合も、どっちを選んでも最悪な結果になる可能性はあるし、どっちを選んでも最高の結果になる可能性はある。でも、君はもう決断をくだしたんだから、最高の結果を求めるしかないんだよ。悪いことを考えず、いつかイギリスで立派に育った自分の姿を父親に見せる日が来ると信じて、その日を糧に精一杯にイギリスで勉強して、そこでの生活を謳歌するべき。君の親父だって君が夢を追いかけている姿に元気付けられると思うよ。だから、自分のくだした決断に自信を持ってくれ。あと、イギリスならいつでも日本に戻ってこれるからさ。大丈夫だよ。思い切って自分の夢を実現してくれよ」

嗅覚が異様に発達していて嫌な臭いに敏感に反応してしまう場合

身体の悩み

かなり嗅覚が発達している男性からの相談。嗅覚が良くて役に立つことは、かなり遠くから焼鳥屋の匂いに気付くことぐらいなのに、悪い臭いは良い匂いよりもインパクトが強く、よくタバコの臭いや他人の家の臭い、ガムや飴(コーヒー系が特にキツいらしい)の臭いなどを嗅ぎ取ってしまうらしい。ちなみに微妙な臭いが鼻にピクっとくると、くしゃみが何回も出るとか。もちろん自分がまったく臭わないとは言わないが、自分の良すぎる嗅覚をどうにかしたい、とのこと。アンドリューのアドバイスは？ (22歳、男)

「すごいなあ……。聞きたいことが腐るほどあるよ。他の感覚はどうなんだろう。たとえば視力や聴力も優れてるのか、逆に嗅覚が発達しているから、それらに弊害があるとか。是非、教えて欲しい。で、君の悩みだけど、まずこれは他の人にはない才能なわけだよな。他の人が普段は絶対に認識することができない感覚を君は日々体感しているという。それってすごいことだと思わないか。君ほどじゃないけど、おれもわりと臭いには敏感なほうなんだ。だから、すべての体験がより一層に濃いものとして自分の中に残るんだ。たとえば日本に行くときとかさ、もちろん、見るもの、聞くもの、すべてがアメリカとは違うんだけど、匂いもかなり独特なものなんだよ。で、飛行機から降りて、空気を嗅いだ瞬間に、『日本に来た！』って気持ちが盛り上がるわけだ。そして、あの匂いは日本の記憶の大きな一部として自分の中にあるんだよね。君の場合は、そういう記憶が普通の人より、はるかに多くあるわけだ。確かにその中には自分にとって不愉快なものもあるだろうけど、そうじゃないものも同じぐらい多いんじゃないか。匂いというのはある体験をより一層にダイナミックにしてくれるものなんだよ。だから人一倍に嗅覚が発達している君は、人一倍にあらゆる体験がダイナミックなものになるはずだ。それで得することはあるとしても、損することはないんじゃないか。だって、すべての体験がその優れた嗅覚のためにより濃厚に、より充実したものになるわけだぜ。かなりうらやましいことだよ、それは。あと香料の研究とか、そのずば抜けた才能をいかした仕事はいくらでもあるだろうし。決して嫌がることじゃない」

同性に告白されて、気持ちは嬉しいのだが どうすればいいかわからない場合

恋愛の悩み

最近女の子に告白された22歳の女性。性格が男っぽく、友人にもよく男前だと言われるらしい。もちろん告白されて嬉しいには嬉しいんだが、どう対処すればいいのかが悩み。(22歳、女)

「強烈だな。ハガキを書くほど悩んでいるということは、かなり気になっているってことだもんな。別にそうじゃなきゃ普通に断れば終わる話だからさ。だけど、そうじゃなくて、しかも気持ちは嬉しいということは……。う～ん、実に興味深い。ひとつ思うのは、君がこのシチュエーションに対してすごく落ち着いていること。君ぐらいの歳だったら、ビビったり、本気で怒ったりする人も多いだろうけど、自分のことを冷静に男っぽいと分析して、しかもこの状況に特に不快を感じてなさそうだ。君が今まで男性とどう関係してきたとか、君が男性のことが好きかどうかってことさえ、この悩みを聞く限りだとわからないけど、おれが言えるのはとにかく自分の気持ちに素直になることだ。『気持ちは嬉しい』と書いているけど、その気持ちを受けて、君がドキドキして、それが今でも気になるってことなら、その気持ちに素直になるべきだろ？　もしかしてそこには新たな発見があるかもしれない。もしかしてこれは君の人生にとって新たなる一歩になるかもしれない。もし、そうならそのとき感じたことは、すごく大切なことだよ。逆に、そんな気持ちがまったくないということなら、断るだけの話だ。だけど、わからない。君がハガキを書いてきたってことは……うん、自分は体験したことない気持ちだけど、同性に告白されるのは、かなり強烈な体験だと思う。その衝撃はなかなか想像できないけど、とにかくその瞬間の気持ちにできるだけ正直にこのシチュエーションと向き合おう。是非、どう決断したか教えて欲しい」

ロック大好きだったのに、子供が生まれてからは子供と遊ぶ方が楽しくなってきちゃった場合

音楽の悩み

学生時代からロックが大好きで、ロックフェスはもちろん、毎月ライヴ、クラブに頻繁に通っていた男性。しかし昨年子供が生まれてからは、ライヴに行くよりも赤ちゃんの顔を見て一緒に遊ぶ方が楽しくて幸せだと感じるように。今では子供と3日離れることも考えられず、次のフジロックに行くのをやめようかと考えているほど。もちろんロックは今も好きで、新譜はちゃんとチェックしているし、ライヴに行けば変わらず楽しめることはわかっている相談者なのだが……大人とはこうやってだんだんロックから離れていくもの？

（32歳、男）

「これってロックとかに限らず、誰もが大人になる過程で直面することなんじゃないかな。若い頃は、『こういう大人になりたくない』と思っていたのに、いつの間にか、自分が描いていた大人像とは掛け離れた人間になっているという。確かスティーヴ・アルビニだったと思うけど、『人間は若い頃に嫌いだったものにいずれはなる』みたいなことを言ってて。確かに一理あるよな。というのも、嫌いなものがあると、それを意識するのが人間で、どうしてもそれを気にしながら、アイデンティティを形成していくっていうのがあるからね。だから、常にどこかでアンチを意識しているところがあって、徐々にそっちの方向に向かってしまうっていう感じで。とはいえ、別に君の場合、それが当てはまるとは思わないけど。価値観が変わっていくのは、人間として当たり前のこと。君の場合、別にロックから離れていくっていうより、新たに価値を見出すものに出会ったっていうだけだと思うんだ。別に新しいものを見つけたからって、昔から大切と思ってた

ものが、途端に大切じゃなくなるわけじゃないからさ。なにかが終わったんじゃなく、すべてが広がったってことなんだよ」

●ぼくの周りにも、大人になったから「ロック卒業」とかほざいている連中がいるんだけど、アンドリューはそういう態度についてどう思う？

「まあ、人それぞれってことだよ。でも、そんな人も、またロックを聴いたら、やっぱり好きだなあ、って再確認しちゃうときがいずれは来ると思うんだ。結局、すべてはひとつの大きな体験、つまり人生の一部であり、そこのなにかを自分から切り離すことはなかなかできないんじゃないか。すべては自分の中で繋がっているわけだからね」

彼女が変態すぎる場合

恋愛の悩み

彼女が変態すぎて困っているという悩み。普通の人に戻したいらしいのだが、一体どうしたらいいの？ アンドリュー、教えて！

（17歳、男）

「(笑)。変態ってどういう意味なんだろう？ 性的な意味合いも含まれてるってことなのかなあ？ むむむ。まずは君の『変態』の基準を聞いてみたいところだな。そもそも、君自身は『普通』なのか？ まずそこから考えてみる必要がある。もしかして、彼女のほうが『普通』で『変態』は君だったりするんじゃないか？ でもさ、本当に彼女に『普通』になって欲しいのか？ だってさ、彼女と付き合ってるってことは、彼女に他とは違う魅力を感じたからだろ。もしかして、それが彼女の『変態』ちっくな部分だったりするんじゃないか。逆に彼女が『普通』になっちゃったら、魅力的じゃなくなる可能性もあるんじゃないか。ま、マジメな話、人を変えるのは大変なことで、かなりのエネルギーを要する。でさ、思うのは、逆にそのエネルギーを彼女に費やすんじゃなくて、自分自身に費やすのもいいんじゃないか。彼女を変えるんじゃなく、彼女の『変態』な部分も受け入れられるほどの包容力を自分が培ってみるってことも考えられるだろ。そっちのほうがよっぽど効率的だったりするかもよ」

道で知り合いに声をかけたいのにかけ辛い場合

性格の悩み

道で知り合いを見かけても、自分から声をかけることができないという相談。その人が嫌いなわけではなく、話したら楽しそうだと思うにもかかわらず、いつもつい気付かなかったフリをして通り過ぎてしまう。無理に話しかける必要もないが、無視してしまうのはやっぱり後味が悪いもの。どうしたら気軽に話しかけられる？　なにか良いアドバイスは？　（21歳、女）

「それすげぇわかる。君が楽しいだろうなって思ってるってことは、別に会話することそのものを恐れているわけじゃないんだよな。だけど、そういうときの会話って『やあ、元気？』、『元気』、『ふ〜ん』みたいな、どうでもいいことが多いんだよね。それを避けたくなるのはすごくわかる。その真逆の友達がいて、近所を歩くとやたらめったら人に挨拶するやつがいてさ。ちょっと顔見知りの人たちに出会うと、必ず立ち話するんだ。しかも内容のない会話ばっかりするんだよな。だから、そいつと歩いてると腹立つことが多いんだ。それで、面倒になったから、やつが立ち話を始めても、一緒に立ち止まらないことにしたんだ。別に挨拶する義務はないから。おれが思うには、道端っていうのは、フリーゾーンなんだ。特定な場所とは違って、わきまえや礼儀がそれほど必要のない場所っていうかさ。あくまで移動の手段で使ってるだけなわけだから。そう、思わないか？」

●うん、別に軽く会釈するだけでいいと思うよ。困るのは駅のホームで、微妙に知っている人がいるとき。そのまま一緒に電車に乗っちゃったりしてさ。あれは最悪。

「わははは。でも、そういうとき、相手も同じ気持ちなんだよな。で、ふたりとも下を見て、しゃべらなくなったりして、それはそれで妙で（笑）。まあ、ようするにそれほどシリアスなことじゃないんだよな。その変な気持ちとか、後味の悪さっていうのは、ことが過ぎたらすぐになくなることだし、相手もすぐに忘れているだろうし、話しかけても、無視しても、あまり悩むことじゃないと思うよ」

大人になったときに「青春は素晴らしい」と言える気がしない青春真っ只中の16歳の場合

人生の悩み

現在高校1年生の男性。世間一般に言われる青春時代なわけだが、部活もやっておらず、彼女もいないため、大人になったときに胸を張って「青春は素晴らしい」と言える自信がないのが悩み。アンドリューの青春はどんな感じだったの？

（16歳、男）

「おれの場合は、今がまさに青春って感じなんだけどな。別に自分だって10代のときに、毎日『人生最高の日々だ！』って謳歌してたわけじゃなかったし。友達の中にはその時期にかなり悲惨な毎日を過ごしているやつとかもいて、彼らは逆に大人になるにつれ、人生を満喫できるようになった感じなんだよね。『青春はこのときだ』ってまるで決まっているように君は思っているようだけど、そんな時期は人によって違うよ。遅咲きの人がいてもなにもおかしくないわけだからさ。しかも、たとえ君の周りに『青春は素晴らしい』とか言っている人がいたとしても、別にその後に、その人が2度と『素晴らしい』と思える時期ができないわけではないんだ。『青春時代』は確かに特別視されがちだけど、必ずしもそういうわけじゃなくて、あくまで人生の一部なんだよ。『素晴らしい』と思える時期は一回こっきりじゃなくて、今後に何回もあるだろうし、結局、すべては繋がっているんだよ。だから『青春』がいずれか終わると思い込むのはちょっと違うと思うし、40歳になっても『青春』を楽しむことはできると思う」

●あと「部活」とか「彼女」とかにこだわる必要もないと思うんだよね。ぼくもいわゆる「青春時代」に彼女とかいなかったけど、それこそロックに目覚めたときだったし、ただ友達とアホな毎日を過ごしてただけで。そのときは、特に充実してたようには思わなかったし、別に特筆すべき事件とかなかったけど、今となっては充分にいい思い出なわけだからさ。

「そうそう。だから、あらゆる意味で、固定観念に縛られすぎてると思うんだ。『青春』とは、つまりこの時期のことを指して、そのときにスポーツに燃えて、恋に落ちるのがなによりも『素晴らしい』、というようにさ。でも、よく考えてみると、実は君の『今』だって十分に充実していたりするんじゃないか。多分、こうやって『ロッキング・オン』に投稿しているってことは、それなりに音楽とかロックが好きだと思うんだけど、それだけ夢中になれるものがあるってことは素晴らしいことなんじゃないか。別にスポーツに燃えたかったら、スポーツに燃えればいいだけの話。専門の雑誌を買うほど音楽に夢中になっている君は、十分に青春しているとおれは思うな」

お父さんから何かが発酵してる臭いがする場合

身体の悩み

お父さんの臭いについての真剣な悩み相談。なぜかお父さんは発酵した臭いがするらしく、言うなれば「めっちゃ熟れすぎた」感じだそう。お父さんを臭わなくしたい！　アンドリュー何か良い方法ない？（16歳、男）

「熟れてる臭いねぇ……。すげえな。まず、父親自身は自分がクサいことわかってるのか？　教えてあげるところから始めるのもいいんじゃないか。でもさ、臭いって捉え方によってまったく変わるからさ。たとえば、この間、『クンクン、なんだろう、この匂いは？　イタリアン料理みたいだな。おいしそう』とか思ってたら、それが隣にいた友達の屁だったことがあって」

●嘘だ!!

「いや、マジで(笑)。でも、それを知った瞬間に、その匂いは極めて不快なものになったわけ。たとえばブルーチーズなんかも、トイレに置いてあったら、あの匂いを嗅いで美味しそうと思うやつはいないだろ。君のお父さんの発酵した臭いも一緒で、ブルーチーズと思えば、それほど嫌じゃないだろ？　あと、この臭いはどうあがいても君のお父さんの個性なんだ。ちょっと不謹慎かもしれないけど、たとえばお父さんが明日亡くなったら、その臭いがたちまち愛しくなる可能性だってあるだろ？　その臭いがしたら、途端に父親の顔を思い浮かべる、みたいな。だから、嫌がるんじゃなくて、臭いを受け入れること。そうすることによって君の悩みは解消されるはず」

ジョン・レノンに片言の日本語で延々罵られる夢を見た場合

特異な悩み

警備員の姿をしたジョン・レノンにフライングVというギターのVの部分で押さえつけられ、「マタオマエカ！　マッタク、コリナイヤツダヨ、オマエハ！」と片言の日本語で延々と罵られる……という夢を見てしまった相談者。これは何かの暗示なのか？　（15歳、男）

「君はビートルズやジョン・レノンが好きなのか？　夢は心の奥底を描いてる。『ロッキング・オン』を読んでいるということは、君は音楽ファンであり、だからジョン・レノンやフライングVが出てくるのはあまり驚くことじゃないし、君は普段日本語を使っているなら、夢の中のジョンが日本語を使うのもおかしくないこと。だから、この夢に不安を感じることはないと思うよ。逆におれだったら、ポジティブに捉えるな。だって君は、それがどんな形であろうとも、ギターを持ったジョン・レノンに会えたわけだから」

●ジョンに会えたんだから、良い夢だってこと？

「そりゃそうだよ。夢でもジョンに会いたい人はたくさんいるはずだから。明晰夢ってわかる？　意識を持って夢を見ることなんだけど、それをきわめればジョンと会話することさえもできるんじゃないか」

自分のコンサート直前なのに緊張感のないアーティストにガッカリした場合

音楽の悩み

たまにコンサートに行く男性から。コンサートに行くと、アーティスト本人が開演ギリギリまで会場近くのレコード店でCDを漁っているのをよく見かけるそう。少ないお金をはたいて長時間電車にゆられてコンサートを観に来ている者としては、アーティスト達のコンサートに対する緊張感のなさに少しガッカリ。そこで気になったのだが、アンドリューは自分のコンサートの前はどのように過ごしているの？　悩みというか質問です。

（43歳、男）

「すごく良い質問だな。おれはだいたいライヴの2時間前から集中し始める。なるべく会場の近くの静かな場所で、今日はどういこうか？って考えるわけだ。そして、どんどん想像を膨らませて、気合を入れる。だから、君がそのアーティストが集中してないように見えてガッカリしたのは、よくわかるよ。君もそのアーティストのライヴを楽しむために、同じぐらい気合が入っていたわけだから。でもさ、色々と想像を膨らませて悩みすぎるのをふせぐために、ライヴの前に外に気晴らしに出るアーティストがいてもおかしくないよな。それだけライヴのプレッシャーは重圧だったりするから」

●確かにそうだよね。

「まあ、ファンが勝手にアーティスト像みたいなのを作り上げてしまうのは当たり前のことで、おれ自身、憧れてた人に実際に会って、『想像と違う』と思ったこともあるわけで。でも、そこが面白いとこでもあるんだよね。ガッカリするときもそりゃあるけど、逆に想像以上にナイスな結果が出るときもあるからさ」

●ライヴの前にCDを買うことってそんなに悪いことだと思う？

「う～ん、状況が見えてないから、なんとも言えないな。もしかして、彼は他のファンのために自分のアルバムを買ってたのかもしれないし、気合を入れるために、ライヴの前に聴く好きなCDを探してたのかもしれない。おれ自身は別にそんなことでガッカリはしないけど、それは人それぞれの心理だから、別にガッカリすることを否定はしない。でも、結局は、そのアーティストが何をやっていようがなによりも自分がライヴを楽しめればいいことなんだと思うけど」

七転八倒するほど足が臭い場合

身体の悩み

とにかく足がすごく臭いのが悩みの男性。靴が臭いので足も臭くなってしまうというのだが、どんなに靴を洗っても、1日履くと臭ってしまうそう。既に足の臭いは自分でも耐えられないほど臭く、洗っても足に臭いがしみついてしまってとれないくらいひどいらしい。かなり切実な悩みだが、なにか解決法は？

（22歳、男）

「まず簡単な対処方法としては、ベビーパウダーなんかを、靴下や靴に朝はたいてみるのはどうだ。あと、そういう臭い防止の商品って色々とあるから片っ端から試してみては。ただ、これはすごく実用的な答えだね。で、いつものように、コンセプチュアルなアドバイスをするとしたら、こうなるかな。まず、この臭いという悩みが君のリアリティじゃなかったころの記憶を思い起こそう。そのころの心理状態や感情を呼び起こしてみるんだ。そして、その思いに耽るんだ、自分は健康で、清潔で、いい香りのする足をしてるんだって。徐々に臭みとそれによる悩みから解放されるんじゃないか」

●そうか？　他人に意見を求めてもいいかもしれないよね。前に嗅覚が鋭すぎる人からの悩みがあったけど、もしかして彼もそうで、自分が思っているほど足は臭くないかも。

「うん。君の思い過ごしの可能性もあるな。とりあえず、友達とかに足の臭いを嗅いでもらって、まずセカンドオピニオンをもらってみよう」

無職で家にいる父が
実は精神病なのかもしれない場合

無職の父を持つ女性からの悩み。もう5年近く家にいるのに家事すらしてくれない父にイライラしていたのだが、ある日父の診断書を発見。何が書いてあるかは字が汚くて読めなかったが、もしかして父は精神病なのでは?と感じたそう。すごく気になるのだが、直接聞きにくい。しかも、もし父が本当に病気だった場合、それを受け入れて父を支えてあげられる自信もない。一体どうしたらいいの? 兄貴のアドバイス求む!

(19歳、女)

「おれに相談してくれて、ありがとう。誰かに相談するっていうのは、すごく重要なことだと思うよ。ただ、こんなことを言うのは初めてかもしれないけど、おれよりか妥当な人にこの問題について相談すべきだと思う。すごく深刻な話だから。世の中にはそういう心の問題を抱えてる人の家族を支援する団体なんかもある。そういう専門の人に、話すべきだよ。あと、その心療科の医者にコンタクトして、おれに相談したのと同じように相談するのもいいと思う。一番、正確に父親の状態を教えてくれると思うからね。友達に相談できないのもわかるし、彼らに相談したって結論は出ないと思う。やっぱり、君はその手の専門家と話すべきだよ。それがおれの最大のアドバイスだ」

●彼女が持ってる「父の病気を受け入れて、支えられないかも」という不安については、どう思う?

「家族っていうのは、こういうときどうしても責任を重く受け取りがちなんだ。だから、君が病気の父親を世話しなきゃ、その事実と向き合わなきゃいけないっていう不安はごく自然なことだと思う。でも、だからって全責任を君が負う必要はないし、その重圧に押しつぶされるのは絶対に避けて欲しい。確かに今まで育ててくれた親を、逆に自分が今度は世話をしなきゃいけないという考えには、どうしても圧倒されるだろうけど、それはすべて初めての体験だからしょうがないよ。そこまで悩まないで、とりあえず自分が正しいと思うことを普通に進めていけば、自然と父親のことは支えられるようになるはず。初めてだから、計画することもできなければ、知識もない。ただ、そこには愛情があるわけで、君ができる最大のことは父親を愛すること。そこから自信は絶対に生まれるはずだよ。だから罪悪感やプレッシャーを取り除いて、とにかく父親を愛すること。その思いさえ強ければ、自分がやるべきことは、わりと自然に実行できるようになると、おれは思うよ。頑張れよ！」

アクティヴな休日ライフを過ごしたいのに極度のめんどくさがりの場合

仕事が休みの日は家から出るのも億劫なめんどくさがりの女性。でも本当はもっと遊ぶべきなんじゃないかと自分に問いかけている。休日に何もしないのは勿体ないのではと思うのだが、めんどくさいという気持ちの方が勝ってしまうそう。世間の人はどうしてあんなに色んな所へ出掛けられるの？　どうしたらアクティヴな休日ライフを過ごせると思う？　（25歳、女）

「変な話だよね。休日っていうのは、基本的に何もしないでゴロゴロするための日なんだから(笑)。君の問題は、人生の目的がないとか言って、自分は何も達成していないと思っている人にも通じることなんだけど、おれが思うに、何もやらないことも何かをやっていることになるんだよね。だってさ、考えてごらん、忙しい人にとっては、何もやってない人こそ、時間をもっとも有意義に使っていると思えたりするんじゃないか。

別に遊びに行きたかったら遊びに行ったらいい話だけで、家でゴロゴロしたいから家でゴロゴロしているわけだろ。どっちにしても、自分が一番やりたいことをやってるわけだったら、ある意味、それこそが一番建設的と言えるんじゃないか。本当の問題は、何もやっていない自分を責めること。それより、何もしてない自分を受け入れて、そこから前に進んでいくほうがよっぽど健全だとおれは思うな」

●うん。でも、それを勿体ないと思う、彼女の心情はどうなんだろう？

「それっておそらく恐怖だろ。死の恐怖って言うと大袈裟かもしれないけど、いつか終わりがあると思ってるから、すべての時間を充実したアクティヴィティで埋めなきゃいけないっていう強迫観念にとらわれちゃってるんだと思うよ。それで自分の存在価値を疑うようになるわけだけど、それは健康的ではない。毎秒毎秒なにかをやらなきゃいけないと思い込んでしまうのは危険だよ。だから、この手紙をわざわざ書いた君のほうが、無理して遊んだりして頑張っている人よりよっぽど生産的なんだと思う。ゴロゴロしながら自分のことを分析しているわけだし、だから〝何か〟を実際にやっていることになるんだよね。おれも、そう思うことが多かった。出掛けるのが億劫で、それは疲れていたり、ただめんどくさかったり、理由は色々とあったんだけど、そういうときこそ、『ああ、おれはなんて時間を無駄使いしているんだ！　他の連中は楽しんでいるのに、おれはなんて勿体ないことしているんだ。バカバカしい』なんて思ったりしてた。でも、家で何もしないとはいえ、テレビを観たり、本を読んだり、音楽を聴いてたりはするわけで、そういうものを体験するほうが、外に出掛けるよりよっぽど学ぶことが多かったりして。だから、どっちも同じぐらい大切なことだったりするんだよ。ようするに隣の芝は常に青く見えてしまうってこと。だってさ、逆にいつも仕事とかに追われていて、できれば何もしない日が欲しい、という悩みを書いてくる人がいてもおかしくないわけだもんね。自分の人生についてじっくり考える時間が欲しい、何もしないで静かに過ごしたい、という人は大勢いるはずなんだ。遊びや仕事で忙しい人は、そういう時間がなかなかなかったりする。そう考えると、君は彼らができない時間の過ごし方をしているんだよ。それだけでも素敵じゃないか。今日は何もやらないと決めることはなにも悪くない。倒錯しているのは、君がそういう自分の意志に対して罪悪感をかかえていること。それが悪循環を生んでいるんだ。つまり、自分のやりたいことをやり通しているだけなのに、そこに嫌気がさしてるという。そして、そういう考え方に支配されることによって、徐々に鬱になってしまったりするんだ。君は自分が何をやって楽しいのかをちゃんと把握していて、それを素直にまっとうしているだけなんだよ」

ピンポンダッシュをする子供を捕獲したい場合

生活の悩み

最近よく子供にピンポンダッシュをされる男性。その度にやった子供をつかまえたいと思うが、なかなかつかまえられない。なにか良い方法は？（41歳、男）

「まず、君を悩ませているのは、君が被害妄想に陥って、この問題を解決するのに自分は無力だと感じていることだと思うんだ。ただ さ、君が家にいるかぎり、誰かがピンポンする可能性はいくらでもあるわけだよね。だから、この問題の原因は君にも多少はある。確かに、イタズラしているのは君ではない。でも、自分の家にインターホンがあって、それが鳴ると、君がなにかしら反応するから、犯人は押し続けているわけだ。だったらなにもしないのはどうだ？ピンポンをはなから無視するんだよ。友達とかには、家に来る場合は事前に電話するように伝えたりしてさ。それで、ピンポンをまるで雨かのように、自分ではどうしようもできない自然現象として捉えてしまうという。そうすることで、君は被害者ではなくなるんだ。あと君がリアクションしなければ、犯人が続ける可能性は低くなるはず。逆に、鳴った時間を毎日記録して、パターンを割り出してみたりして、それを自分の趣味にするのはどうかな。ベルが鳴るのを毎日の楽しみにしちゃうというか。まあ、究極の解決法はインターホン自体を取り除いちゃうこと。それだと2度とピンポンダッシュはなくなるよ。問題の元凶をなくしてしまうわけだから。これらはすべて平和主義的な解決法。ただ、君の人生からインターホンというツールを奪ってしまうけどね。逆に過剰に反応する手もある。警備員を雇ったり、カメラを設置してみたり、警察を毎回呼んだり。これも、もちろん効果的かと思う。どっちを選ぶかは、君次第。その結果はすごく知りたいから、いつか報告してくれたら本当に嬉しいな」

フェス・デビューに踏み切れない場合

音楽の悩み

フェスに行ってみたいのだが、一歩踏み出せず、まだフェス・デビューしたことがないという悩み。今年もまたフジ・ロックが過ぎ去ってしまった……どうしたらフェスを楽しめるようになれる？（35歳、男）

「奇妙なシチュエーションだよな。自分がしたいことが明確で、そのためになにをやったらいいのかも把握しているのに、自ら第一歩に踏み出せないという。しかも、そういう感覚に見舞われるのは初めてじゃないわけだ。それほど自分の期待感が脹らみすぎて、一歩踏み出せないほどの恐怖として逆作用するという感覚は、正直、おれは共感できないけど、人がそうなるのは想像できる。おれに言わせてみれば、行きたければ行けばいいじゃん、ってことなんだけど、そうはいかないというわけだ。君はフェスに行かなかったことを考えると、一種の興奮っていうか後悔を覚えるわけで、そのために今回わざわざ相談してきたんだと思うんだけど、だったらそのエネルギーを本格的に行くことに作用させてみたらいいんじゃないか。今から行き方を探ってみたり、必要なグッズを揃えてみたり、お金を貯めてみたりさ。なんか大変に思えるかもしれないけど、人生のほかのことに比べてみたらそんなたいしたことじゃないんじゃないの？ 今言ったことのほとんどはネット上で解決できるものばかりだし。コツコツ準備を始めたら、来年、第一歩を踏み出すのはそんなに大変じゃないはず。でもさ、君のフェスに対する強迫観念はそれ以上にとてつもなく大きなものなのかもしれない。確かにフェスティバルは圧倒的だ。おれもそのパワーに怯むときもあるんだけど、やっぱりお祭りであり、パーティであることを忘れちゃいけない。君が毎年行かなくて後悔するのも、そこに楽しみが待っていることを信じているからだ。その思いを大切にしようよ。君はこの悩みを相談することで既に第一歩を踏んでるんだ。あとは、その勢いに乗るだけだよ」

●アンドリューのフェス初体験は？

「12歳のときのロラパルーザ。ミシガンでレイジ・アゲインスト・ザ・マシーン目当てで行った。とてつもない体験だったよ。恐怖もあったし、それまで経験したことない興奮もあった。マジでやばかったよ」

地味に見られたくない場合

友達と髪を切りに美容院へ行き、ふたりとも同じ人に切ってもらったという女性。美容師さんが友達の髪を切っていたとき、友達に「一緒に来てるお友達とタイプ違うね。君はあの子と違って明るいよね～」と言ったらしい。それを友達から聞きショックを受けた相談者。人に地味に見られないようにするにはどうしたらいいの？　（16歳、女）

「まず、『人に地味に見られている』という感覚自体がちょっと大袈裟だと思うんだよね。ある人に言われたからってみんながそう思ってるわけじゃないと思うし、ショックを受けたってことは、自分では自分のことを地味と思ってないわけだ。だからそれほど気にすることないんじゃないか。そもそも、おかしいのはそんなこと言ってるほうなんだし。だってさ、地味だと思う人がいたとしても、その人にわざわざ『あんたは地味だ』って言わないだろ？　その人の友達にだってそんなこと言わないだろう。なのにその人は実際にそれを言ったわけ。そんなやつの意見なんか、どうでもいいんじゃないか。いちいち悩むほどのことじゃないよ。その人は君がやらないようなことを平気でやっちゃうような人なわけだ。おれが思うに君は自分なりの価値観、自分なりの基準をもとに歩むべきだよ。まあ、自分のことが地味だと本当に思うなら、もっと明るく振舞ったらいいだけのこと。みんなに愛想よく話しかけてみたりしてさ。でも、そういう気になれないなら無理することない。一緒にいてくれる友達はいるわけだろ。今の君のことが充分に楽しいと思っている人は必ずいるんだよ」

性格の悩み

左右非対称に日焼けしてしまった腕がキモい場合

身体の悩み

公園でギターを練習していたところ、右腕だけが日焼けしてしまった女性。左右非対称の日焼けの跡が気持ち悪い。どうしたらいい？　**（20歳、女）**

「長袖を着たらいい……」

●……。

「……」

●……。

「……まあ、日本の夏って暑いんだよな。だったら日焼け止めを塗ったらいい。っていうか、焼けてるほうに日焼け止めを塗って、日焼けしてないほうにサン・オイルを塗って焼いてみるのはどう？」

●うまくバランス取れるかな？

「わからない。微調整しながら、色々なブランドのものを試してみるのがいいと思う。あと、左利きのギターに変えてみるのもいいかもしれない」

●それは素晴らしい。

「曇った日は右利きギター、晴れてる日は左利きギター。これだとバランス取れるはず」

●別にバランス取る必要ないかもね。

「そうだった！　別に不均等ってカッコ良かったりするんだよ。いいこと言うな。タトゥーしている人のほとんどは、そういうコンセプトに従っていて、それぞれの腕に違うものを彫ってたりするわけだし。おれもその傾向があったりする。バランス取れていないことって、逆にすごくパワフルだったりするんだ。というのも、崩れたバランスを均等にするために、常に体のどっちかにエネルギーを与えてるわけだから。そのパワーをそのまま人生に応用したらいいんだよ」

●なるほど。ふと疑問に思ったんだけど、このまま日焼けサロンに行って均等に焼いたら、右腕はさらに黒くなって、やっぱり状態は変わらないのかな？

「そりゃあそうだ。日焼けを3とすると、既に焼けているほうは3＋3で6になって、焼けてないほうは3になるだけだ。だから理論上、それで両腕が釣り合うことはない。でも、一回試してみて、是非、その結果を報告して欲しいな」

笑いをこらえられない場合

性格の悩み

おそらく学校で唯一の洋楽(ヘビメタ)好きだという13歳の中学生からの相談。音楽の授業の歌唱テストの時、先生の前で歌おうとするとなぜか笑いそうになってしまう。そして無理に笑いをこらえようとすると、歌が歌えなくなってしまうのだとか。笑わないようにするおまじないってない？　教えてください！　(13歳、男)

「ワンダフルな質問だな。授業で歌うというのは他のシチュエーションで歌うのとはまったく違うからね。っていうよりか、君の悩みは歌そのものの問題というよりか、一般的にどの授業でも直面する悩みのような気がする。というのも、授業中、無性に笑いたくなることって誰もが経験したことがあると思うんだ。特に試験中とか笑っちゃいけないときに、なにかに取り付かれたように笑いが込みあがってきて、それを必死でこらえようとするんだけど、そうするとかえって笑いが止まらなくなっちゃうことってあるよな。おもしろいのは、君がそれを克服するために〝おまじない〟を求めてること。美しいコンセプトだよ、そうやって自分の問題を解決するための心理状態を、なにかを唱えることで整えるというのは。いつも言ってることなんだけど、君の〝おまじない〟はこの悩みをハガキに書いたところで始まったんだ。自分の悩みを把握して、それを言葉にしたわけだから、これこそが君の〝おまじない〟なわけで、今度先生の前で歌わなきゃいけないとき、君の書いたハガキのことを思い出そう。それを書いたときに、いかに笑わないように必死になってた状態、自分が発したエネルギーを思い起こすことこそが、君にとっての〝おまじない〟なわけだ。それによって君はハガキを書いたわけだし、それによって君は問題を解消できるはずだ。ただ、あくまでこれは授業における歌唱テストのときだけで、おれが思うに音楽そのものは楽しくて、おかしいものであるべきなんだよ。もちろんシリアスな態度で音楽に取り組むのは大切だけど、結局はそれが自分の楽しみに結び付かないと、意味がないと思うんだ。そもそも人生そのものに笑いは欠かせないこと。だから歌唱テストというシチュエーションにおける君の悩みはわかるけど、『笑わなくなる』というのは、ある意味、危険な心理状態かもしれない。うまくやってくれよ」

従妹を好きになってしまった場合

恋愛の悩み

ひとつ年下の従妹を好きになってしまった男性の真剣な相談。子供の頃よく一緒に遊んでいた従妹だったが、あまり会わなくなり、久しぶりに会ったらあまりに可愛くなっていて好きになってしまったとか。従妹を好きな自分は変態なのか？ もし彼女に気持ちを打ち明けたら彼女は嫌な気持ちになるのか？ どうなの？

（21歳、男）

「あら。歴史的に考えると、従兄弟同士が結ばれるのはそれほど珍しいことではないんだよね。ただ、やっぱり現代では近親相姦的だと思われがちだし、そもそも法律的に認められてるんだっけ？ よくわからないけど。君の気持ちはピュアなんだとは思うけど、それをもとに行動を起こすのはどうかなあ……。あと自分が変態なのかって問いだけど、それを答えるにはまず自分がなんで従妹を好きになったかを考える必要がある。ただ単にひとりの異性として惹かれたのか、それとも従妹だっていう設定に興奮させられるものがあるのかをじっくり自己分析するべきなんじゃないか。まあ、それはともかく、どんな理由であれ、やっぱり従妹と恋愛するのは大変なプロセスだと思うし、かなりのリスクを背負う可能性がある。あまり好ましくない結果になる可能性が極めて高い恋愛であることは間違いないからね。告白した時点で、君がこれまで従妹と築き上げてきた関係が絶たれてしまう可能性も大きいし……。やっぱりよしたほうがいいんじゃないか。君の気持ちはわかるんだけど、お勧めできないな……これはちょっと言いにくいけど、これを単なるファンタジー、君の妄想として片付けてもいいかもしれない。そういうちょっと倒錯した欲望みたいな感じで自分の頭の中で、その恋愛を貫き通すという。表に出しさえしなければ、自分の頭ではなにを考えても犯罪でもなければ、人に危害を加えることもない。ある意味、それが自分にも素直になれる、もっとも健全な解決法かもしれないよ」

●なるほど。毎朝、満員電車に乗るたびに周りのやつらをはり倒すことを想像しているぼくみたいに、実際にやらなければ害はないもんね。

「うん、まあ、そういうことかな。頭の中でなにを考えても、それは自由だから」

日本最古のロック評論家としてやってきたが、時代についていけなくなるときが来るんじゃないかと感じる場合

仕事／学校の悩み

日本最古のロック評論家として、37年間、音楽評論家をやっている渋谷陽一。ときどき、さすがに時代についていけなくなるときが来るんじゃないか、と思うことがあるんだそう。果たして、このままいくつまで続けていくことができるのか、という相談。ちなみに、一番好きなバンドはレッド・ツェッペリンだそうです。（56歳、男）

「評論家っておもしろいよな、一方では客観的に芸術作品を評価して、読む人が共感できるようにその作品について表現するわけだ。でももう一方で音楽や芸術を嗜むとき、どうしても主観的にならざるを得ないわけで。人それぞれによって感じ方は違うし、自分の書いていることに信憑性をもたらすため、自分のパーソナリティもその原稿に反映させなきゃいけない。すべてが客観的な視点から書かれているニュース原稿などとは違い、自分の考えというものを反映しなきゃいけないんだけど、同時に新聞の社説などとはまた違って、その作品がどういうものなのかってことを客観的に読者に伝える義務もあるという。ただ、読者として覚えておかなきゃいけないのは、ある論評を読むというのは、その芸術作品について知るのとは違うということ。あくまで書き手の意見を知るだけなんだ。たとえばある歌について書かれたことをいくら読んでも、その歌を聴くまではその実態はわからないわけだよな。つまり、論評とは書き手による一種の表現なんだよ。だから、この悩みは興味深い。というのも、時代についていけない人であろうと、ついていっている人であろうと、それぞれが書いていることは、どっちも表現として、意見として有効であるわけだから。ある人の意見だってことはなにも変わらない。逆

に年配の人が書くロックの論評はそれだけで非常にユニークだよ。若者が最新のロックを聴くのは当たり前だけど、50歳を超えた人が聴くのは珍しい。それだけにその人の意見は貴重だと思う」

●でも、ロックって若者が体制に感じる憤りを象徴したものだったりするんだけど、体制の一部となってしまった人間がそれを批評するのはありなの？

「問題ないよ。ただ、自分の立場をわきまえて、そのスタンスがちゃんと原稿に反映されていることは大切だ。そうであるならば、その論評には偽りがなくなるわけだから。むしろ、そういう人が書くロック論のほうが興味あるよ、おれは」

ロックを聴く以外の趣味が持てない場合

趣味／嗜好の悩み

35年来のロック・ファンで、20年以上ロック雑誌の編集をやっている山崎洋一郎の悩みは、ロックを聴く以外の趣味がどうしても持てないこと。色々とかじってはみるのだが、ぜんぜん面白くないんだとか。でも寝る時間以外、全部がロックではさすがにつらいし、同年代の友人も皆無……。ロックは好きだが、偏屈じじいにはなりたくないという山崎洋一郎にピッタリな趣味は？
（44歳、男）

「まあ、一番わかりやすいのは楽器をやることだよね。同年代の人とバンドを組んだりしたら、それだけで非常に社交的になれるし。ただ、それだとロックから離れたとは言えないから、たとえばオペラとかはどうかな。あと、琴とか日本の伝統的な楽器もおもしろいかも。でも、そうだな、アメリカの中年はなにをしているかというと……彼らは教会に行くことが多い。教会では色んなイベントが開催されるし、社交の場としては素晴らしいと思うよ。だから宗教だよ」

●日本には変な新興宗教が多いから、そういうのもいいかもね。

「え、オウムとか？」

●あと、ネズミ講的な活動で信者を増やしているのとか。

「なるほどね。それは暇つぶしにもってこいかも。多くの人に出会えるキッカケになるし、ロックとはかけ離れているし、はまれば金になるかもしれないし。でも、別に無理して趣味を作る必要はないんじゃないか。アンドリューW.K.でいることだけで、かなり充実した時間を過ごしているから。色んな人と出会えるし、自分の好きなことに没頭できる。だからそれ以外の趣味が必要とは思えないんだ。結局、趣味はそんなもので、自分がやりたいことを追いかけたら、必然的に辿りつくもんだよ」

人生の悩み

親に孫の顔を見ることを諦めてもらいたい場合

『ロッキング・オン』の編集長になって1年が経った粉川しのの悩み相談。編集長になったころは両親も喜んでいたのだが、最近では「いつ結婚するのか」とうるさく訊いてくるようになったそう。更には「結婚しなくてもいいから、せめて孫の顔を見せてくれ」と泣きつかれる始末。ロック雑誌の編集長職と子育て(しかもシングルマザー)はどう考えても両立できないので親に諦めてもらいたいのだが、なにを話せば孫の顔を見るのを楽しみにしている親を傷つけずに、孫を諦めてもらえる? アンドリュー教えて!(31歳、女)

「確かに両親の思いというのは尊重するべきだし、彼らも悪気があるわけじゃないけど、そこにプレッシャーを感じることはない。なにしろ君の人生なわけだからね。今は子供が欲しくないわけで、それは別になにも悪いことじゃない。でも、もう一方で、君のほうも『孫の顔を諦めてくれ』という極論に走るのは早いんじゃないか。今後の可能性はいくらだってあるんだから。だから両親にも子供は作らないと断言するんじゃなくて、とりあえず今のところは予定がない、というように自分の今の気持ちを正直に報告するのがいいと思うよ。そっちのほうが、両親も安心できると思うし。明日にでもすごく素敵な人に出会って、いきなり子供が欲しいという欲望に駆られる可能性だっていくらでもあるわけだろ。そもそも君はまだ31歳だろ? 物理的にもあと10年ぐらいはあるわけだし。だから仕事に没頭して、自分のやりたいことをやって、今の時間を満喫するのはとても大切だと思うし、それに引け目を感じる必要はまったくない」

つめの中に入ったゴミを取りたいけど　シャー芯で取ろうとすると黒くなっちゃう場合

生活の悩み

中学2年生がふと思った質問。つめの中に入ったゴミや土を取るのに最適な方法って？　シャー芯でやってみたらつめが黒くなってしまった。シャー芯を使わずに取るにはどうしたらいいの？　（13歳、男）

「とてもいい質問だ。まずシャー芯はやめよう。これは問題をさらに深刻化させるだけで、あまりためになっているとは思えない。なにしろつめを黒く塗ることで、ゴミを取るどころか、ゴミが見えなくなってしまうわけだから。あと、それって痛くないか？まあ、わかりやすい解決法はヤスリ付きのつめ切りを買うことだな。9・11事件のあと、飛行機には持ち込めなくなったから、多少面倒かもしれないけど、おれの経験ではつめの下にもぐりこんだゴミを取るにはこれが最適だ。特にヤスリの先っぽがフック型になってるやつ。あれは最高だな。使い方はかなり簡単なはずだよ。何回か練習したらすぐに慣れるはず。なんだったらシャー芯をつめの中に入れてみて、わざと折って、それをフック型のヤスリで取ってみて練習するのもいいかもしれない」

●相談者はどうやらグリーン・デイが好きらしいけど、ビリー・ジョーの真似をして黒いマニキュアをつめに塗るってのはどう思う？　そしたらゴミも目立たないから、いくら詰まってもOKになるのでは？

「それ最高なんじゃないか。あとフレンチ・マニキュアってナチュラルな色に仕立てるのもあったりするんで、それだとまったく目立つことなく、ゴミを隠せるはずだよ。是非、実行して欲しいな、それを」

間違ってハガキに80円切手を貼って出してしまった場合

生活の悩み

先日ハガキを出したとき、50円切手じゃなくて、うっかり80円切手を貼ってしまった男性。考えてみると、切手以外にも必要以上にお金を払ったり、しなくてもいいことをしてしまっているらしい。こういうのってどう対処したら良いの？ アンドリューはこういう経験ある？
(17歳、男)

「最近、フィアンセのシェリーとこういうことについて話してて——」

●え!? アンドリュー結婚するの？

「そうそう。来年、結婚することに決まったんだ」

●マジで!? おめでとう！

「ありがとう。でさ、最近、シェリーとお金について話し合いをしたんだ。お互いのお金に対する考え方を確認しときたかったから。金という概念にとらわれすぎて、不幸せになるのだけは避けようという話をしたんだ。あくまでも金というのは概念であって、実体がないというか、金そのものを楽しむことはできないんだよね。だからお金にとらわれすぎて、それが悩みの種になるのだけは避けたいと話し合ったんだよ。たとえば、もったいないからって理由で、おれたちがお互いにハッピーになれるということを拒んだりするのは、どうかと思うんだ。お金を使わなかったことによってストレスや不満が溜まるほうが、よっぽど不健全なんじゃないかってね。だから、他人が無駄遣いとみなすこと、たとえば必要以上にチップを置いたり、そういう行為によって自分たちの気分がよくなるなら、あまり気にしないで使うことにしたんだ。で、切手の話なんだけど、おれだって手紙に必要以上の切手を貼ることがある。というのも、足りなくて届かないより、ちょっと多めに払って、確実に届くと知ってたほうが安心できるから。それをもったいないと思う人もいるかもしれないけど、おれは別に数セントに固執しないようにしているんだ」

●でも、彼の場合は50円で確実で届くって知っていても、それより多く使ってるわけで、それはやっぱり無駄なんじゃないのかな？

「確かに特に理由もなくそういうお金の使い方をいつもしているなら、問題があるかもしれないけど、このハガキを書いた時点でそれに気付いているわけだから、あとは自分にとって〝お金とはなにか？〟と、お金の関係性について考え直したら、自分なりの結論に辿り着けると思うよ」

久しぶりに会ったかわいい幼なじみとデートできることになったと思ったら、彼女の母親同伴で食事することになってしまった場合

恋愛の悩み

10数年ぶりに会ったらめちゃくちゃかわいくなってた幼なじみと、デートができることになった男性。しかし当日になって突然彼女の母親も彼に会いたがっていると言われ、母親も一緒に食事をすることに。あまりのショックと緊張でかなりつまらない男になってしまったそう。こういうとき、男はどうしたら良いの？　（20歳、男）

「(笑)笑えるな、そのシチュエーションン、めちゃくちゃ想像できるよ。まあ、おそらく相手の母親は君が娘に相応しい男か見極めるというより、純粋に君に会いたかったんじゃないか。そもそもデートだってことを理解してなかったかもしれないし。10数年前の君のことしか頭にないから、まさか娘とそういう関係になるとは、夢にも思ってないというかさ。でも、おれは君がやったことは実に紳士的だと思う。自分は静かで退屈な男に見えたと思ってるらしいけど、そりゃあ、そこには自分よりぜんぜん年上の人がいるわけだから、当然のことだよ。普通のデートのように振舞うわけにはいかないだろう。礼儀正しく、謙虚な態度で相手の母に接したなら、それはそれでかなりの好印象を与えたことになるんじゃないか。とにかく母親が来るってことでドタキャンもせず、きっちりとデートを遂行したことは、尊敬に値する行為だと思うよ。しかもさ、母親に認められたとしたら、次からのデートがどれだけ楽になるか考えてみてごらん？　おそらく母親はもう来ないだろうしさ、君だと安心だって思われてるってことだろ。もし真剣な付き合いになったとしたら、既に大きな関門をクリアしたことになるよな。恋人の親に嫌われるほどつらいことはないからね」

田舎に住んでいて、誇れることといったら牛ぐらいしかない場合

生活の悩み

かなりの田舎に住んでいる人からの悩み相談。ライヴに行くため何千円もかけ、しかも終電ギリギリに帰らなければいけないという状況。自分の町が誇れるのは牛ぐらいなので、もっと地元を栄えさせたいという相談なのだが、アンドリューの案は？　（17歳、女）

「牛かあ……。牛はいいけど、確かにそれに惹かれて来るバンドは少ないかも。まずは簡単な答えだけど、とにかく自分で盛り上げてみようよ……とはいえ、それは難しいかもしれないから、ひとつ現実的なのは、自分がその町から出るっていう手があるんじゃないか。確かに地元から離れるというのは、すごく大変なことに思えるけど、今17歳だろう。おれだって18歳のときにニューヨークに移ったわけだし、そういう年頃なんだと思うよ。無意識のうちに、『なにかしなくちゃ！』って心が動かされているというか。だから、地元に刺激がないなら、刺激を求めて場所を移動するのは、なにも恥ずかしいことじゃない。日本の大都市はどこもエキサイティングだし、君も満足できる環境があると思うよ」

●なるほど。でも、最近、地方で開催されるイベントも多いし、彼女もそういうものに携わることだってできるんじゃないかな。

「うん。牛が多いってことは土地も多いだろうから、たとえば農場でフェスティバルをやるとか、そういうのって最高だと思うけどな。大都市では絶対にできないイベントを企画できるわけだし。そういう意味ではすごく環境に恵まれてるのかもしれないな」

自分の子供がかわいすぎて、何かあったらどうしようかと心配しすぎてしまう場合

性格の悩み

初デートでアンドリューのライヴに一緒に行った彼と結婚し、現在ふたりの子供に恵まれている主婦。夫にも子供にも、アンドリューが廻り合わせてくれたようなもので非常に感謝しているとのこと。だがふたりの子供があまりにかわいすぎて、ふたりの身に何かあったらどうしょう、といつも不安になってしまうのが悩みなのだとか。事故、火事、地震はもちろん、近所に出かけるのもドキドキしてしまうほど心配。もっとポジティヴになりたいのだが、どうすれば良い？　（22歳、女）

「嬉しい話だね。でも、いずれにしてもふたりは一緒になったと思うよ。おれがきっかけだったかもしれないけど、決断したのはあくまで君たちなんだからさ。でも興奮するよな。おれが音楽をやると決めて、その音楽を君たちが気に入ってくれて、コンサートに足を運んでくれて、そのまま結婚に至る、と。めちゃくちゃエキサイティングだ。で、君の悩みだけど、心配することは、とても自然なこと。子供がいないから直接にはわからないけど、その気持ちは想像できる。親が子供のことで頭をいっぱいにするのは当たり前のこと。そして、その思いはあらゆる方向に働くんだ。ポジティヴな方向だけじゃなく、ネガティヴな方向にも。要するに子供にとって最悪なシチュエーションを自然に色々と想像してしまうんだよね、親は。そして、あまりにも子供を愛しているがゆえに、その悪い想像ばっかりに集中してしまうわけだ。でもポジティヴなシチュエーションだって、同じぐらい想像できるはずなんだよね。だから、おれが思うにそういう思いにこそ集中するべきなんだよ。子供たちも、親が心配しているのは気付いているはずで、それに不安を感じていると思う。そういう意味でも、ポジティヴな思いに意識を向けるべきなんだ。別に悪い思いを排除するんじゃない。悪い出来事を予防できる感覚も必要だから。ただ、それを認識しつつ、いい思いに集中するのが大事なんだよ。相談してくるってことは、自分の心理状態を把握しているわけだ。だったら次に心配に駆られたとき、意識的に〝自分の子供はすくすく順調に育っている〟というモードに気持ちを持っていけばいいんだ。そういう思いも君の頭の中に絶対にあるはずだからさ」

パーティーするなら
を呼べ!!
アンドリューW.K.
大阪 心斎橋 クラブクアトロ
東京渋谷 クラブクアトロ
"www.slamrock.jp"

婚約者の実家に挨拶しに行こうと思っているけど、緊張している場合

恋愛の悩み

来年結婚する予定で、彼女の実感意挨拶に行こうと思っているけど、正直、緊張しているというパン屋を営む男性。彼女とは付き合って2年、両親とも何度か会ったことがあるけど、特に仲がいいというわけでもないらしい。最近、婚約したばかりのアンドリュー、なんかアドバイスありますか？（25歳、男）

「まず、おめでとう！　相手の両親が君たちの結婚を認めているかどうかわからないけど、とにかく君にきちっと挨拶しに行こうという意志があることは非常にいいことだ。特に最近はそういう当たり前の礼儀が軽んじられることが多いからね。それだけに、それを遂行することは大事なことなんだと思うんだ。なにしろ一生に一度の出来事――少なくともそう思いたいことなんで、大変だと思うこともちゃんとやるべき。おれの場合は、きちんとプロポーズする前から、（婚約者の）シェリーの両親に結婚を前提に付き合っている旨を伝えていたし、両親もおれたちの結婚には大賛成だった。だから、特に親のことで気を遣うことはなかった。レストランでシェリーにプロポーズして、それを受けてくれた彼女がその場で親に電話したって感じだったんだ。なんか、それが当たり前のことだったんで、事前に挨拶するとかはまったくなかった。でも、君の場合はそれほど相手の両親と仲がいいわけじゃないってことなんで、きっちり挨拶して、認めてもらうのは大切だし、相手も喜ぶはずだよ。思うのは、これをひとつの“仕事”として捉えないで、君たちの幸せを他の人たちとわかち合っていると考えたら気も楽になるんじゃないか」

●彼はパン屋さんらしいから、両親に特別なパンを焼いて持っていったら受けると思うんだけど。

「それは素晴らしいアイデアだな！　日本のパン屋っておしゃれだから、すごく好きなんだ、おれ。でも、そうやってなにか特別なお土産を持っていったら、印象が悪くなることは絶対にないと思うよ。君にちゃんとした仕事があるという証明にもなるわけだしね」

得意な英語を自慢げに話す上司にイライラしている場合

仕事／学校の悩み

「日本人がカッコつけて英語しゃべっちゃいまーす！」的な感じで、得意な英語を自慢げに話す上司にイライラしている女性。謙虚さが日本人の良いところだと思っていたのに、そんな良さを忘れてしまった上司といったいどう付き合っていけば良いのか？　（30歳、女）

「おれの中ではこういう人への対処の仕方は決まっている。それはまるでドラマか映画のキャラクターのように扱うということ。ようするに、もう決まったキャラ設定で——今回の場合は英語を自慢気にしゃべる人——それは変わらないと思い込んでしまうんだ。それで、客観的にその特徴と向き合うんだよ。まるでテレビを観ているときと同じように、『あ、このキャラっていつもこういうことを言ったりやったりするんだよね』って、その人の行動を予想してみたりして、それを面白おかしく見守るんだ。自分がどう思おうが、その人の性格を変えることはできないんだから、その人に対する自分の見方を変えようと決めているんだよ。その人のイラつく特徴を逆に面白がるっていうかさ。特に君の上司って、ドラマに出てくる典型的なお笑い要員って感じがするし。まあ、それでもダメだったら、もう君が英語を学んで、彼より上手くなるしかないな。でも、それはいいかもしれない。逆にその上司が君にとってすごくいい練習相手になったりして。ふたりで英語力を張り合えば、すごくポジティヴな相乗効果を生み出せるかも」

開腹手術後の1ヶ月、自宅安静を有意義に過ごす方法を模索している場合

生活の悩み

つい先週、開腹手術をして、1ヶ月自宅安静中でなにをしていればいいのかわからないロッキング・オンの専属ライターの網田有紀子。大好きなマイ・ケミカル・ロマンスの写真をみていれば軽く数日は過ぎると思いつつも、動かないと内臓が癒着すると医者に驚かされていて、なにか有意義な過ごし方を模索しているという。また、くしゃみをすると涙が出るほど傷が痛むんで、とっさに咳を止めるなにか良い方法があれば教えてちょうだい、アンドリュー。
（XX歳、女）

「開腹手術とは大変だったなあ。今は大丈夫そうでなによりだよ。で、こういう医学的な悩みのときは、いつも言ってるんだけど、まずはおれのアドバイスより、ちゃんと専門家に診断してもらうことが重要。おそらく医者になんらかの指示を受けていると思うから、それを忠実に遂行することがなによりも大切だ。で、マイケミの写真を見る以外に、たとえば彼らのライヴ映像を観るとか、彼らのインタヴューを読むとか、彼らのことをより深く知るのに時間を使ったらいい」

●それどころか、彼女は『ロッキング・オン』のマイケミの取材をほとんどやってる上に、日本最高にして、最狂のマイケミ・ファンだから。

「（笑）そっか、じゃあ、マイケミをインタヴューした日々の思い出にふけるのはどうだ？　あと、そうだ、ギターでも買ってマイケミの曲をコピーしてみるのはどうか？　1ヶ月あれば、たとえこれまでまったくギターが弾けなかったとしても、1曲ぐらいはコピーができるようになるはず。振りつけとかもコピーしたらアクティヴになれるし、なんていう名前だっけ、あの人？　ジェラルド？　そうだった。マイケミの音楽を演奏することによって、彼がより近い存在になるだろうっていうか、自分がジェラルドの一部と思えるようになるはずだよ」

●ジェラルドってヴォーカルだよ。

「ふ～ん。まあ、パートは別として、彼はマイケミの音楽の重要な一部であり、それに一体化できれば、すなわちジェラルドと一体化したことになるから」

いつも4時間ぐらいしか睡眠時間がなく、常に寝不足な上に、歯医者の予約がなかなか取れなくて、歯の痛みをどう抑えるか知りたい場合

身体の悩み

「今日は早く寝よう」と思っても、どうしても遅い時間になってしまい、いつも4時間ぐらいしか睡眠時間がなく、常に寝不足の女性。どうやったら睡眠時間を増やせるのだろうか？　さらに、とても歯が痛いそうだが、歯医者の予約がなかなか取れないとのこと。その場合、診てもらえるまでの数日間、どうやったら痛みを抑えられるのだろうか？（43歳、女）

「悩みがふたつあるってこと？」

●そうだね。関係はなさそうだけど。

「いや、そう書いてないけど、実は関係あるんじゃないか。つまり歯が痛いから寝れないという。あと寝てないから、体に充分なエネルギーがなく、だから痛みが一段と激しくなっているというのも考えられるよな。だから、最初の悩みを解消させることで、ふたつ目の悩みも必然的に解決できるんじゃないか。どっちにしても医学的なことに関しては、あまり無責任なことを言いたくはないんで、やっぱり専門医に診てもらうのが一番だと思うよ。すいている歯医者を探すって手もあるわけだし、痛みを我慢するのはあまりお勧めできないな。寝不足の件だけど、おれの友達には、『眠たくなければ寝なければいい』というやつもいるけど、それはあまり健全ではないかも。おれの経験では、やっぱり運動したり、寝る前に読書したりするとわりとぐっすり眠れるんだけど、そういう努力はしているのかな？　よく聞くのはパソコンとずっと向き合っていると夜寝れなくなるってこと。事務仕事をしているらしいから、そういうことに影響されているってこともあるんじゃないか。ストレスが原因というのも考えられるし。あと、『寝なきゃ、寝なきゃ』って自分にプレッシャーをかけてしまうと、なかなか寝れなかったりするよな」

●そういうときは酒飲んで、心をリラックスさせるけど、ぼくは。

「うん、それはいい案だ。そういえば、おれ酒を止めたんだ」

●マジで？　なんか問題あったの？

「いや、特になにかあったわけじゃないけど、前からそれほど好きじゃなかったし、あまり健康にもよくないから、だったら完全に断とうと思ったんだ」

趣味／嗜好の悩み

吸血鬼みたいなゴシックスタイルの男性が好きだけど、その好みを友達と分かち合えない場合

吸血鬼みたいなゴシックスタイル、スーツにコテコテのシルバーアクセサリー、全身黒でロックTにタトゥー、さらに髪の毛は2色、目はアイライナーで真っ黒、爪には黒いマニキュアというような姿の男性達が大好きな学生からの悩み。でも親に言ったら理解してもらえなくて、多分理解してくれる友達もいないと思うらしい。これから友達と男の子の話題になったとき、ずっと黙って嘘を付き続けなければいけないと思うと苦しい彼女は、どうしたらいい？　ちなみに彼女自身はゴシックでも何でもない普通の学生だそう。

（18歳、女）

「アメリカでも、その手の格好は反感を買うことが多いんだよね。でも、だからこそみんなやるっていうのもあるんだけど。露骨な反発というか、服装こそ自分の個性を主張するもっとも簡単な手段であることは間違いないからね。でも君の気持ちはわかるよ。自分が好きなものを、他人に理解してもらえないのは辛いからね。ただ嘘を付く必要はないと思う。親はともかく、友達には理解して欲しいと思うし、ちゃんと『こういうのが好きなの』って言えば理解してくれるんじゃないか。人はそれぞれだから、無理して彼女たちに好みを合わせる必要はないよ。逆に相手に嘘を付いて、自分にも嘘を付くほうがよっぽどストレスになると思う。そもそもおれの友達なんかも、自分とまったく同じ価値観のやつなんかいないし、むしろ好きなものが異なるやつとのほうがうまくいったりすることも多い。それでも難しそうなら、自分と男の子の好みが合う人を探してみるっていう手もある。そういうゴシックテイストの男の子が好きな子は絶対にいるはずだから」

●そうだね。あと自分の好きなタイプに対して正直じゃなければ、なかなか出会いもないだろうし。

「そうそう。『好きだ』っていう主張があればあるほど、そういう人と巡り会える可能性が高くなるだろうからね。しかもおれの経験から言うと、そういう黒ずくめの人って、外見とは違いかなりいい人だったりすることが多いんだよな。外見が怖ければ怖いほど、そういう人は自分に対して正直だったりするから、人を見下したりすることはあまりないんだよね」

ファッションセンスが気になる年頃になった場合

趣味／嗜好の悩み

自分のファッションセンスが気になる年頃だと悟った14歳の中学生。アンドリューは、どういう基準で服を決めているのだろうか？
（14歳、男）

「おれの場合は、若いころから目立つ洋服が好きで、あえてボタンをいっぱいつけてみたり、屋根裏から出てきたおばあちゃんのアンティークのアクセサリーを服につけてたりした。中学生のころは、パンクっぽい服を着ていて、古着を自分なりにアレンジして着こなしていたんだ。先輩にクリエイティブな人が多くて、服にペンキを塗ったり、または別々のズボンを縫い合わせたり、靴の上からもう一足靴を履く人とかいたりして、すごく刺激されたよ。だから君が服に興味を持つことはとてもいいことだと思うし、楽しんで欲しいとは思うけど、それだけに固執しちゃうのは危険だと思う。あくまで服装は外見でしかないんで、中身が磨かれていなくては意味がないから」

●なるほど。アンドリューはなんで今の白シャツ、ホワイトデニムというスタイルに落ち着いたの？

「いや、さっき言ったように、若いころは色々とクレイジーな洋服を着てたんだけど、それだけではキリがないというか、変なことをやろうと思えばいくらでもできるわけだ。逆にシンプルだけど独自性を主張できるのはどういう服かと考えたところ、どこでも買える白シャツとホワイトデニムという格好を思い付いたんだよ。シンプルだけど、アンドリューW.K.をすごく主張しているし、とにかく首尾一貫させるのに困らない。あと暗いステージとのコントラストも抜群だし。ユニークであると同時に、効率的でもあるんだ」

腕時計をどれぐらいの周期で変えるのが適切なのか悩んでいる場合

趣味／嗜好の悩み

腕時計をどれくらいの周期で変えるのが適切か悩んでいる男性から。ひとつのものを大事にしたい性格なので、一生使いたい気持ちはあるのだが、困ったことにあれも欲しいこれも欲しいと思ってしまうとのこと。別にコレクターになりたいとは思わないけど、どうしたらいいのだろう？

（32歳、男）

「すげぇ、これめちゃくちゃ共感できる悩みだなあ。なぜなら、おれも小学生のころから腕時計にはまってるから。一番最初は計算機付きのやつから始まったんだよな。ゲームもできて、すごくカッコいいと思ってお気に入りだったんだけど、数ヶ月後に違う腕時計を見て、そっちのほうが気になって仕方なかった。ただ、その計算機付きの時計を自分のトレードマークにしたかったっていうか、それを自分の個性のひとつとして主張したいというのもあって。でも、結局、他の腕時計を買ってしまって、それがキッカケに欲望が爆発して、腕時計を買い漁るようになってさ。別にコレクターになったわけじゃなく、プレミアものとかには興味なかったし、ディスプレイを作ったりもしなかったけど、とにかく集めまくったんだ。しかも、結局は同じ腕時計ばかりして、他はハコの中に置きっぱなし。親には不思議がられたし、自分でもなんで集めてるのかよくわからなかった。だけどニューヨークに来たとき、腕時計を盗まれちゃってさ。別に高い時計じゃなかったんだけど、その経験以来、派手な時計はやめて、シンプルなデジタル時計ばっかりすることにしたんだ。おれがデビューしたころの写真を見ればわかると思うけど、必ずデジタル時計をしてるから。Gショックみたいに、耐久性のあるものが理想的だな。でも最近、再び腕時計に対する熱が君の悩みの答えは実はない」
●え？
「ないんだ。だけど、別に時計を買うことにまったく問題は感じない。ただ、買う衝動が強迫観念になってはマズイ。いつも言ってるけどなんでも適度にやることが大事。確かに時計を買うのはすごく物質主義的に思えるかもしれないし、まあ、確かに薄っぺらいのかもしれないけど、だからって罪悪感に駆られることはない。誰も傷つけているわけではないから、自分がハッピーになれることをやればいいんだよ。なんか今回は、自分に言い聞かせているみたいなアドバイスになってしまったな」

上がってきてさ。なんか高級感のある、フォーマルな服装でもつけられるような時計が欲しくなってきたんだ。結婚式とか、高級レストランに行くときにつけられるようなやつ。Gショックだと浮いちゃうからさ。それで、最近、腕時計を6本ほど買ってしまったんだ。なんか、見ると欲しくなっちゃうんだよね。この服装にはこれが合うとか、そういうことを考えちゃったりして。しかも、今はそれなりに高級なものを買ってるから、かなりケアもしているんだ。ハコの中に置きっぱなしってことはない。だから、君の衝動はすごくわかる。時計っておもしろくて、宝石と違って、実用性もある飾り物なんで、すごく魅力的なんだよな。でさ、

涙が止まらないほど、ライヴで撮影しているカメラマンが気になる場合

？ 特異な悩み

写真を生業としていたためか、ライヴで撮影しているカメラマンが気になる女性から。最近、とあるカメラマンの動きを見ていて涙が止まらなくなったらしい。この涙は何？ 自分には明確な目標が他にあるのに、その人のようになりたいのか？ 恋人がいるのに、その人のことが好きなの？ ライヴに集中できなくなるほどの彼女の悩みはどう解決するべきか、アンドリュー？ （34歳、女）

「ワオ、不思議な現象だなぁ……。え～っと、もちろん、その涙がなんなのかはおれにはハッキリわからないけど、まずライヴ会場ってとてもエモーショナルな場所だよな。たとえライヴに集中してなくても、そこが普段とはまったく違う空間だってことは、誰もが感じていることだろ。だから、君もその場にいるだけで、すごく感情的になっていたんだと思う。そして、そのカメラマンを見ることで、君の感情のはけ口が開いたのは想像できる」

●なるほど。

「でも、なんでそのカメラマンがキッカケになったのか？ 写真を撮ってた経験があるわけだから、君がカメラマンに興味があるのは当たり前のこと。それでその人に惹かれるのはわかるし、君も指摘しているとおり、その職業が恋しいのかもしれない。そして、もちろん相手が異性だから、なにかしらフィジカルな魅力を感じたというのも納得できる。たとえ、自分に恋人がいたとしてもね。ひとつ気になることがあるんだけど、たとえばそのカメラマンが女性だったとしたら、君は同じ反応を果たしてしていたのだろうか。それについて考えてみると、答えは見えてくるかも。あとは、やっぱり現状に不満があるかどうか教えて欲しい。明確な目標があるとのことだけど、もしかして、本当は心に迷いが残っているのかもしれないよな。カメラマンという職を諦めたことに後悔があったりさ。その場合、その涙は君の現状に対する不安や不満の表れだっていうことは大いに考えられるんじゃないかな」

UFOキャッチャーをすると、ついムキになって取れるまで続けてしまう場合

趣味／嗜好の悩み

UFOキャッチャーをすると、たいして欲しい物でもないのに、ついムキになって、取れるまで続けてしまう女性からの悩み。何かあきらめる、いい方法はないか？

（28歳、女）

「おれもUFOキャッチャーはめちゃくちゃ好きだよ。生まれて初めてやったときさえ覚えている。ウィスコンシン州だった。日本のやつは、かなり進んでるよね。日本に行くたびにやるんだけど、うちのギター・テクのブライアンはめちゃくちゃ上手くて、2、3回やるとその機械をマスターしちゃって、取りまくるんだ。でもさ、思うに、別に楽しければ止める必要ないよ。君は賞品を当てるためにやってるんじゃないと自覚しているわけで、じゃあ、なんでUFOキャッチャーにお金を落としているかというと、その興奮がたまらないからだろ？　それは決して無駄なことじゃない。自分にとってのエンターテインメントなわけだし、その状態をより楽しむようになったらいいんじゃないか。確かにその楽しい気持ちが執念になってしまうのは危険だ。だけど、『この興奮がたまらないからやっている。別に賞品は欲しくない』と冷静になって自分のUFOキャッチャーに対する思いを分析すれば、別に賞品を取ることに固執しなくなると思うよ。あと、ひとつ思うのは上手くなる、という自分なりの目標設定を持って、これから挑戦すること。UFOキャッチャーの名人を目指したら、何回やることも惜しまないと思うし、しかも上達すればするほど、賞品がそれだけ簡単に手に入るという。一石二鳥じゃないか」

●いっそのこと、ブライアンに弟子入りできないかな、彼女は？

「そうだ！　やつは快く自分のノウハウを教えてくれるはずだよ。おれもあいつと何回かUFOキャッチャーに挑戦して、それで腕が上がったのは確かだからな。次に日本に行く機会があれば、是非、そういうレッスンを実現したい！」

仕事／学校の悩み

厳しい女子校に通っていて、すごくつまらない場合

女子校に通っているという女性から。とにかく学校がつまらないのが悩みだそう。彼女のいるクラスは大学進学コースのような感じで、他クラスに比べて勉強もハード。女子校なので、出会いもない。だからバイトも禁止で、部活もやっていない……。そんな学校であと2年間、やっていける自信がないそうなので、どうしたら学校が楽しくなるか、アドバイスを！　そしてアンドリューの学生時代についても聞かせて！（16歳、女）

「わかるよその気持ち。おれも中学／高校時代はしょっちゅう夜遅くまで勉強してたから。君の厳しさとは比べ物にならないかもしれないけど、それでもやっぱり絶え間なく出される宿題とかにはかなり辟易してた。こんなことして何の意味があるのか、よく考えたよ。しかも、そこまで必死で勉強したのに、そのとき学んだことを今じゃほとんど覚えてない気がする——少なくとも事実や数字関係は。とはいえ、おかげで一心に努力したり集中したりする能力を高めることができたのは確か。学校の優れているところは、暗記能力を高めてくれることより、今後必要となるスキルをもっと深いところで擦り込んでくれるところだと思うんだ。確かに今は勉強勉強で、すごく大変かもしれない。男子と話もできなくて、遊ぶ時間もないとなると、なおさらだよな。だけどひとつ助言するとするなら、そんな日々もいつかは過ぎ去ること。これから生きていく長い一生のうち、2年間ほど我慢すれば、高校を卒業して、いずれ大学に進学できるわけだろ。確かにそれは今の高校生活を快適にする助けにはならないかもしれないけど、でもどんな状況も一生を通じて変化、進化するということに気付かせてくれるんじゃないか。最後に考えて欲しいことをひとつ。無理やり学校に行かされている気がするかもしれないけど、実際、勉強することを選んでいるのは〝自分〟だってことを認識して欲しい。両親も先生も友達も、勉強しろと言うかもしれない。だけど、それを聞くかどうかは〝自分〟次第なわけ。一生懸命勉強するのかしないのか、学校を辞めるのか辞めないのか、逃げるのか逃げないのか、そしてハッピーになれるのかなれないのかをすべて選択しているのはあくまで〝自分〟だってことを、絶対に忘れないで欲しいよ」

洋楽ばかり聴いていて、友達とカラオケに行っても盛り上がらない場合

音楽の悩み

よく友達とカラオケに行くという男性からの相談。普段洋楽ばかり聴いていて、盛り上がる邦楽がわからないので、みんなが知ってそうなレッチリの〝ダニー・カリフォルニア〟やグリーン・デイの〝マイノリティ〟を歌うのだが、いまいち盛り上がらないのだとか。洋楽を聴く時間を割いて、邦楽を聴くべきなのか、悩んでいるそう。ちなみに邦楽はB'zしか聴いていないとのことなのだが、アンドリュー、何かベストな解決策をお願い!!　（17歳、男）

「わかるよ、おれもカラオケで同じような経験をしたことがあるからさ。思うに、今の友達と、お互いに好きな音楽を紹介し合うのが一番いいかも。君の大好きな洋楽ロックがすべて収録されたミックスCDを作って、そして友達にも最高の邦楽ロックCDを作ってもらうんだ。それらのCDにはお互いが興味を持てる曲がでてくるはずだから。世の中には本当に色んな音楽があるわけだし、君も友達もみんなで一緒に歌って楽しめる曲が、きっと見付かるはず。新しい音楽や新しい曲を聴いて、自分の価値観を変えていくのはいいことだよ。ただ、大事なのは必ず自分の直感に従うこと。気持ちがよければ即、曲に合わせて歌うべし!」

極度の泣き虫だから困っている場合

泣き虫だから困っているという女性。映画やTVで感動して泣くのはもちろんだが、バイト先でレジ打ちをしていて、ヤンキーっぽい人におつりを渡したあと、「ありがとう」と言ってもらえただけで涙がダァーっと溢れてしまうほどだそう。恥ずかしいので必死に泣くのをこらえてはみるものの、鼻水が出てしまう彼女は、いったいどうしたらいいのか？（24歳、女）

「すごい！　確かに君は泣き虫だ。そこで、ひとつ教えて欲しいのは、どういうときに泣くのかってこと。今回の悩みを読む限り、感動したときに泣くらしいけど、たとえば怒ったときや悲しいとき、そういうネガティヴな気持ちになるときも簡単に泣いちゃうのかな？　あと、君はこの状態を打破したいのかな？」

●いや、特にそうは書いてないけど。ただ、どうしたらいいのか、って聞いているだけで。

「おれだったら、喜んで享受するけど。だって素晴らしい取り柄じゃないか。他人のちょっとした優しさで、そこまで感動できるのは、本当に美しいことだと思うよ。逆に怒鳴られたから泣いちゃったっていうのはわかるけど、その真逆だろ。知らない人に、それだけのポジティヴィティを見出せるのは本当に素敵な性格だよ。君のその状態だったらじゃんじゃん泣いて欲しいぐらい。思うに、泣くことを笑うことに置き換えれば受け入れやすいかも。笑うのは普通だから、みんなしょっちゅうやるけど、泣くことも同じような感情表現なわけだろ？　そう考えればわかりやすいだろ。いっぱい泣くことは、なにも問題ないと思うよ」

緊張するとよく下痢をしてしまう場合

身体の問題

緊張するとよく下痢をするという男性からの悩み。どうすれば治るのだろうか？（16歳、男）

「まず下痢を固形化させるもの、つまり胃腸薬を買うこと」

●まあ、そりゃあそうだけど。

「あと、食うものに気を付けよう。辛いものや油っこいものを食いすぎたり、アルコールを飲みすぎたりすると、下痢になりやすいからな。もっとおなかに優しい食い物を食うべきだよ」

●まあ、それもそうだけど。それより、体の一部がおかしくなるほど緊張することがおかしいんじゃない？

「確かに、それは異常だ。でも心と体が繋がっているのは当然のこと。手の平が汗ばんだり、息苦しくなったりするのはよくあることだろ？だから、そういうものを解消するときと一緒で、自分の心の中を探って、下痢のもとを追求するのは大切。おれもよくライヴの前に下痢になることが多かったんだ。それは、恐らくそのあとに来る激しい運動を体が察知して、余計なものを排除したいからだと思うんだ。あと油っこいものを食いまくってたってのもあるんだけど。実はステージで下痢したこともあって——」

●（笑）それ前も言ってたよね。

「うん。でも、ここでまたそれを言及する必要はある。凄かったんだから、めちゃくちゃ出てきて」

●（笑）そのときの気持ちは？

「本当にめげたよ。でも、なんとか立ち直って、最後までやり遂げたよ。実は、一旦出したら、そのあとは意外と快適だったりしたんだよね。ライヴ終わって、ズボンを脱いだときの臭いははんぱなかったけどさ」

●ははは。

「まあ、下痢ってそんなもんなんだよね。あまりにも究極な行為なんで、逆に面白いっていう。だから思うんだけどさ、そんなに緊張しちゃうんだったら、もうもらしちゃったりしたほうがいいんじゃないか？ そうすることで、逆に緊張はほぐれると思うよ」

生身の女性よりも
マンガやアニメの女性のほうに
魅力を感じてしまう場合

趣味／嗜好の悩み

生身の女性よりもマンガやアニメの女性のほうに魅力を感じるという男性からの悩み（ただし男性についてはアンドリューとか、生身の人たちに魅力を感じるという）。この先、大人になってもこのままなのだろうか？　ちなみに一番好きなアニメキャラクターは『らき☆すた』というアニメ番組の柊つかさだそうだ。（15歳、男）

「おれが思うに、それほど心配する問題じゃないけど、君自身がこのハガキを書くほど悩んでいるということなら、これは対処するべきだよな。ただ、人間には段階があると思うんだ。同じものや人に一生涯魅力を感じる人ももちろんいるだろうけど、嗜好が変わっていくのは、日々進化している人間として当然なこと。だから君が生身の人間に魅力を感じないと思うのも、それはまだ好きな女性に会ったことがないからかもしれない。たとえば明日にでも、今までの価値観をガラリと変えてしまうような女性に出会う可能性はあるわけだろ？　でもさ、最初にも言ったように、君の悩みは問題じゃないかも。別にアニメのキャラに魅力を感じることは罪じゃないし、それで君が幸せなら余計な心配は必要ないと思うんだけど。おもしろいのは、今後の可能性。技術が発達するにつれ、たとえばバーチャル・リアリティの世界で、そういったアニメのキャラクターとより親密に関係を築くことができるようになるんじゃないかな。で、果たしてそれは健全なのか？　正直、わからない。でも、たとえば電話で話すより直接会って相手と話したほうがいいんだけど、だからって電話を否定するわけにはいかないだろ？　なにが正しいのか定義するのは難しいけど、とにかく余計なプレッシャーを自ら課すことなく、自分が納得できる範疇で楽しめばいいと思うよ」

旦那の浮気のために離婚してしまった知り合いの夫婦のことを考えると、夜中に泣いてしまうほど、悲しくて悔しくなってしまう場合

恋愛の悩み

知り合いの夫婦が、旦那さんの浮気のために離婚してしまったという17歳の女性。奥さんに可愛がってもらっていたので、それだけでも超ショックなのに、旦那さんは浮気相手と再婚すると聞いて、あまりにも悲しくて悔しくて、夜中に泣いてしまうらしい。奥さんのほうはもう吹っ切れてるようだが、世の中ってこんなもんでいいのか、アンドリュー？　結局、愛っていったいなんなんだろうか？

（17歳、女）

「17歳ってことは、これまで恋愛経験があるかないか微妙な時期だよね。それによっても色々と見方が変わると思うし、そうじゃなくても、それまで自分が思い描いていた世の中と現実に、大きなギャップがあると気付き始める時期なんだよな。君は愛とは何なのかって疑問があるわけだけど、おれが思うに愛とは相手に無条件な信頼、それこそ盲目になるほどの信頼を寄せること。だから、みんなそういう関係にはまるんだと思う。ピュアな関係だから。そこにちょっとでも不安や疑念があったらそれは愛とは言えないかもしれない。もちろん、その信頼を裏切られることだってある。今回は他人だけど、君だって愛する者に裏切られる可能性がないとは言えない。だけど、もし誰かを愛することになったら、相手に裏切られることを心配しながらその関係を続けることは絶対にしたらいけない。あまりにも不健全だ。癌のように、君の心を侵食するだろう。愛することとは信頼すること。もっとも清い心を持って、自分がもっとも理想とする関係のみをその人と追求するべきだよ。そうじゃないと幸せな恋愛は築けないと思う」

●盲目な信頼はナイーヴに思えるけど、確かに愛ってそんなものだよ。相手が自分を裏切るような人間だと思って用心していたら、その人を愛することは絶対にできないもんね。

「そのとおり。そして、そう思えなきゃ幸せにはなれないよ」

モッシュピットやサークルピットが増えてるために、ライヴ参戦がきつく感じてきた40代の場合

近頃、レイジ・アゲインスト・ザ・マシーンのライヴでも、後ろからすごく押されるしモッシュピットやサークルピットもできるし、何人も上を泳いでくるし、年寄りには益々きつくなってきたライヴ参戦に悩む41歳の男性。だからといって、うしろのほうでひとりで騒ぐのもこっ恥ずかしいし、いっそのことライヴに行くのを止めようかと悩んでいるほど。どうしたらいいもんだろうか？（41歳、男）

「実はおれが初めてモッシュピットを経験したのはレイジ・アゲインスト・ザ・マシーンのライヴだったんだ。だから奇遇だね。でも、おれはアーティストとしてオズフェストとか、すごくクレイジーな環境で数々ライヴをやってきたから、逆に観る側になるとうしろのほうで大人しくしていることが多い。でも確かに、うしろにいるとやっぱり臨場感がないし、好きなアーティストに近付いて、ライヴにしかないスペシャルな感覚を味わいたいと思うのは当たり前のこと。会場の前とうしろだとだいぶ違うからな。そんな君に、お勧めの場所は2ヶ所ある。ひとつはPAの前。会場によって場所は違うけど、とにかく一番音がいいのはPAの周りなのは間違いない。その場所を確保できれば、かなりリアルにライヴを体感できるはずだ。だけど、確かにステージから遠い」

●確かに。日本のライヴはすごく極端で、前のほうは本当に盛り上がってるんだけど、後方は仁王立ちで腕組みしている人たちが、仏頂面のまま微動だにしない感じで。だから、本当に盛り上がりにくいっていう。

「だったら、ステージの端っこあたりがいいと思うんだ。だいたい人がいないし、サークルピットの被害も基本的には及ばない。ただ、片方のスピーカーがまん前にあるからサウンドはモノになっちゃうけど。でも、それはそれでおれは好きだったりするんだ。そのアーティストの新たな側面を発見できたりするからさ」

生まれ育った故郷が恋しい場合

生活の悩み

5年前まで東京に住んでいた高校生。最近になって生まれ育った故郷がとても懐かしくなり、当時好きだった曲を聴いたりすると涙が出たりするようになったとか。東京に住んでいればライヴもすぐ行けて良いなあとも思うそうなのだが、アンドリューもこういう経験したことある？　（16歳、女）

「都会での暮らしから、単調な田舎での暮らしにシフトするのは、相当キツかっただろう。生活したり仕事したり遊んだりする中で、その環境は自分の一部になってくるし、自分もその環境の一部になっていくもの。自分は景色に溶け込み、背景は自分に溶け込む、と。東京みたいな大都会には経験できることが山ほどあるから、どんなに時間があっても、やれることをすべてやり尽くすことは不可能だ。でも同時に、田舎の広大な自然も、実は都会と同じくらい多彩で複雑なものだよ——タイプがちょっと違うだけで。田園地帯や森林や動物、空、星の観察にいくら時間を使っても、そこで経験できることのほんの一部に過ぎないだろう。でも君の場合、音楽が大好きでライヴに行きたいという、すごく具体的な欲求を抱えてるわけだ。田舎と自然がどんなにエキサイティングな場所であっても、君が求める特別な刺激を経験をさせてくれる場所はないだろう。だから東京時代に聴いていた曲を聴き返すときや、都会で経験できる楽しいことを空想するときに感じる気持ちは真摯に受け止めるべき。君の本能は東京に戻れと訴えているんだろうから。すごく共感できる悩みだよ。かつてニューヨークに対して、似た気持ちを抱いてたからさ。18歳のときにニューヨークに引っ越してくる前は、アナーバーというミシガン州にある小さな街に住んでいた。子供の頃、親父と何度かニューヨークに遊びに行ったんだけど、それ以来、ニューヨークで暮らしたいと毎日夢見てたんだ——ニューヨークには、色んな楽しいことが待ってて、色んなコンサートが観れて、色んな人と出会えるんだろうって。それで、15歳のときに決心したんだ。できるだけ早く引っ越す、と。思うに、田舎で暮らすのが大好きな人もいるけど、もし君の心が東京に行けと告げているなら、東京に行くべきだよ！」

ドリームジャンボを手堅く買いたい場合

趣味／嗜好の悩み

ドリームジャンボはどこで買えば堅いのか、と悩んでいる男性へのアンドリュー流のアドバイスは!?（32歳、男）

「どうでもいいけど、ドリームジャンボってイカしてる名前だな。でも、どうなんだろう。日本に行ってエネルギーを感じるのはやっぱり六本木だけど、それだとつまらないよな。できれば、すごく辺鄙なところで買ったほうが面白いんじゃないか。成田空港とかで買ってみるとかさ。でも、そうだな、たとえばドリームジャンボを買う場所を探すこと自体を一種のゲームにしてみるというのはどうだろうか……。えっと、地元の地図とコンパスとサイコロを用意してごらん。で、まず、その地図で自分の家を中心に円を描いて、その円をまるでパイのように6分割にするんだ。各パイに数字をふったら、あとはサイコロに任せるのみ。出てきた数字のパイの中にあるもっとも近い町……えっと、これだとつまらないんで、その時から6番目に遠い町を割り当ててみよう。そこでドリームジャンボを買うっていうのはどうだい？　もし、そこで当たらなかったら、その場所を中心にまた同じプロセスを繰り返していくという。そういう感じで、宝くじを買う行為自体にゲーム感覚で挑んだら楽しいんじゃないか。たとえ当たらなかったとしても、それなりに充実したときを過ごせるはずだし。そもそもドリームジャンボっていくらなんだ？」

●確か300円かな。

「たった300円でそれだけのアドベンチャーに出れるなんて超お得じゃん。しかも、大金が当たるかもしれないおまけ付きの冒険なわけだよな。こんなおいしいお遊びは、そう滅多にあることじゃないぜ。新しい場所で、新しい人たちに出会って、是非とも、刺激的な時間を過ごして欲しいね」

心の洗たくをする場合

「心の洗たく」についての男性からの質問。「心の洗たく」とよく言いますが、アンドリューが心の洗たくをする場合は手洗い派？　機械派？　この難しい質問に、アンドリューの答えは……!?
（24歳、男）

「すごいな……。まず『心の洗たく』ということだけど、心って汚くなれるのか？　そもそも汚れている心は悪いことなのか？　恐らく汚れた心は、罪と関係していると思うけど、それを悔いることが洗たくってことだとしたら、手洗いは、たとえば瞑想などを通して、自らその罪を浄化させることなんだろうか？　そして、その逆の機械洗いというと、たとえば宗教とか、そういう外部の力を借りて洗たくするってことになるのかな？　う〜ん、マジでクレイジーな質問だな、答えに困るな……」

●とりあえず、手洗い派、機械派？

「う〜ん、心だとか魂だとか精神だとか、そういうものに悪いとか良いとか、綺麗とか汚れているとかあるとは思えないんだ。だから、コンセプト自体を理解するのが難しくて……。あえて答えるとしたら手洗いかな？　だって実際に心を手で触ってみたいじゃん。でもあまりにも身近すぎるもんなんで、気持ち悪かったりして。だったら機械に任せたほうがいいかも。よくよく考えてみたら、自分の心と実際に触れ合うのは刺激が多すぎてよくないかもな」

百円ライターの捨て時が分からない場合

百円ライターをかちかちかちかちすると、10回に1回程度点くので置いているのだが、いつが捨て時なのだろうかという相談。ただ、かちかちかちかちの数が毎回変わるので困っているそう。まだ使えそうなので、ごみ置場に持ってくのがかわいそうだと感じるということなのだが、何か良い案は？　ちなみにアンドリューさんの居る所にはポケットティッシュって存在するの？という質問もしてくれているので、そっちの回答もお願いします。（47歳、女）

「まずポケットティッシュだけど、ニューヨークにもあるよ。でも日本でのポケットティッシュの需要の高さはすごく理解している。というのも、『アイ・ゲット・ウェット～パーティー・一直線！』をリリースしたとき、鼻血のジャケットに因んでプロモ用のポケットティッシュを作ったんだ。鼻血専用に使ってもらうためのね。でも、やっぱりアメリカより日本のポケットティシュ事情のほうがはるかに進んでるよ。日本に行くたびにポケットティッシュの多様性に感銘するぐらいだから。日本ほどポケットティシュがある国は他にないはず。で、ライターの件だけど、まず百円ライターはお勧めしない。ガスがすぐ切れるし、すぐ壊れる。だからBicのライターがいいんじゃないか。値段は若干高いけど、ZIPPOとかほどではない。とにかくクオリティがいいんだ。プラスティックはぶ厚いし、金属のパーツもしっかりしている。おれの友達はあれを使って、ビール瓶を開けるけど、それほど頑丈なんだ。それに比べれば百円ライターは本当におそまつ。プラスティックも安っぽいし、金具の部分もすぐ壊れるし、あとガスの量を調整するつまみがあるだ

ろ？　Ｂｉｃのライターにはないんだ。なぜかというと、ガスの残量がどれだけであろうと、常にパーフェクトな炎が付くように最初から計算されているからなんだ」

●へー、それは知らなかった。

「でも君の気持ちにはすごく共感できるよ。昔、ツアーバスの後部エリアを〝ラウンジ〟と呼んでいて、みんなのたまり場として使ってたんだ。実は『兄貴、危機一髪！』に収録されている〝お部屋は行くよ、どこまでも〟って、そのことを歌っているんだけど、とにかくそこにいつも使い古した安物のライターが何本か置いてあったんだ。喫煙者の連中はみんなそれぞれ自分のＢｉｃライターを持っていたから、滅多に使われなかったんだけど、誰も捨てようとはしなかった。というのは、ギリギリではあったけど、使えないことはなかったからなんだ。万一ライターが必要だったら、君のライターみたいに何回か試してみたら、どれも点火する可能性がわずかながらあったんだ。面白いよね。そこにあるだけで、まったく価値はないし、惜しむ者はいなかったとしても、特に誰もそれらを捨てることができなかったという。まるで、その使い古されたライターに妙な魔力が宿ってしまったという感じだよな。これってライターに限らず、意外と日常的によくあることなんだよね。たとえば、空き瓶とかさ。中身を食べたあとも、蓋付きの空き瓶だと捨てないでとって置きたい衝動に駆られたりするよね。いつか他のものを詰めて再利用できるってさ。おれの場合は新聞を捨てられない時期があった。いつか巨大なコラージュを作るつもりだったから。もちろんそんなことはなかったけど。一種の強迫観念なんだよな。面白いよな、こういう変な所有欲」

●すごく共感できる。ぼくはいつかまた読むと思い込んで週刊誌をなかなか捨てられなかったりするんだ。もちろん、週刊誌を2度読むことはないけど。

「だろ？　さらに面白いのは捨てるのは『かわいそう』とも思っていること。ライターに感情移入しちゃってるんだよね。不思議な現象だよ、すごくわかるけど。まるでライターに意識があるかのように接しているという。でも思うに、捨てたらいいんだよ。金銭的には100円しか打撃を受けないわけだし、それほど固執するなら、心を一新するべきだよ」

●だよね。

「とはいえ、一方では、さらにライターにはまるっていうのもいいかも。ガスが完全になくなっても、なんとか補給してみて、永遠にそのライターを使うという。またはそのライターに新たなる価値観を見出すとかさ。『コイサンマン』って映画を観たことあるか？」

●うん。セスナのパイロットが捨てた瓶を、アフリカの原住民が空から降ってきた神様からの贈り物と勘違いするコメディだよね。

「そう。もちろん、それはただの空き瓶なわけで、なにも価値がないんだけど、彼らはそんなオブジェクトを見たことないから、まったく違うものだと想像しちゃう。彼らにとってライターも一緒のはず。だから君も彼らと同じ心境になってみてライターをまったく違うものと思い込んでみるのがいいかもな。ライター用の神棚とかを建ててみちゃったりしてさ」

●でも、それだと壊れたら、もうライターとしては機能しなくなるってことだよね。火を点けたくなったら困っちゃうんじゃない？

「そっか。だったら、世界中を旅してライター職人を探してみよう。そして、その人にライターをカスタマイズしてもらうんだ。めちゃくちゃ豪華な部品を取り付けて頑丈にして、絶対に壊れないようにさ。あとジッポーみたいにガスを補給できるようにして、永遠に使えるライターにしようよ。デザイン性や見た目も重視するべき。たとえば純金をはめてみたりすると、なおさら捨てられなくなるよ」

●それってボロボロのクルマを再生させるMTVの番組、『ピンプ・マイ・ライド』みたいだね。

「そう、そのとおり。ピンプ・マイ・ライターって感じで、世界で唯一無二の百円ライターを作ってみるのは最高だと思うよ。みんなめちゃくちゃうらやましがると思うし、それこそ、ライターに新たなる価値観を見出せるはずだ。是非、実現してくれ」

兄貴がケチでCDを買わない場合

「兄貴がCDを買うのをケチっています」という男性。彼としては早く聴きたいのに、兄貴がCDを買わない。どうすれば買う気力を出してくれるのか？という相談に、アンドリューの答えは？

（17歳、男）

「おもしろいな、これ。自分でも買わないくせに、兄貴のことをケチと呼んでるわけだろ。でも、そうだな、兄貴をその気にさせるのは、なにかお返しをしてあげることだと思う。金銭的なことじゃなくてもいいけど、喜ぶようなことをしてあげれば、兄貴も気を良くしてCDを買うようになるんじゃないか。でも、まあ、簡単な解決策は自分で聴きたいものは自分で買うこと。でも、兄弟の所持金が釣り合ってないかもしれないから、たとえば兄貴がCDを2枚買うたびに、自分が3枚目を買うとか、そういう契りを交わしてみたりするのはどうか？ っていうか、ふたりで協力し合って究極のコレクションを築き上げるという目標を立てるのが一番いいと思う。お互いモチベーションを共有するのはすごく生産的なはずだよ。お互い相手の知らない音楽を紹介し合ったりしてさ。兄貴が超名盤を発掘してきたら、それに負けないほどのCDを君も探したくなるだろう。そうやってお互いを刺激しつつも、同じ目的に邁進していくというのは、まさにチームワークの原理。しかも、その過程で、数々最高の音楽に出会えるわけだから失うものもないだろ」

アンドリューのようなヘアスタイルにしたい場合

趣味／嗜好の悩み

アンドリューのヘアスタイルに憧れている15歳の男性。美容院などへ行ったときにどう言えばいいのか知りたいそうなので、彼のために是非とも具体的な答えをお願い！
（15歳、男）

「まず、どのヘアスタイルに憧れているんだろう？」

●まあ、間違いなくアンドリュー定番のストレートのロングじゃない？

「そうだよな。でも、当たり前のことだけど、長髪じゃないと無理だよ」

●そりゃあそうだ(笑)。

「でも最近はエクステンションとかあるから、そうでもないかな。実はおれもエクステンションを編み込んでもらったことあって。基本的には女性がやることだけど、男性もやってくれる美容院も結構あるんだよね。だから長髪にするのは難しくないかも。しかも日本人の場合、基本的に直毛の人が多いから、あのヘアスタイルはわりと簡単にやれちゃうんじゃないか。大変そうだったら、おれの写真を美容院に持っていくのがいいと思う。実はさ、昔、美容院にAC／DCのアンガス・ヤングの写真を持っていって、『こうしてください』って頼んだことがあるんだよね。彼の髪型がめちゃくちゃイカしていると思っててさ。それで、同じようにして欲しいとお願いしたんだけど、これがまたえらくクリンクリンのパーマをかけられてね。しかもかなり短めに切られちゃったし。アンガスっぽいって言えばアンガスっぽいんだけど、これがまたぜんぜん自分に似合わなくて。だから家に帰って、必死にパーマを洗い落としたんだよな。結局、微妙に残ったんだけど、それはそれで悪くなかったんで、そのままにすることにしたんだ」

●もしかして、アンドリューって床屋より美容院派なの？

「いや、昔はずっと自分で切ってい たけど、最近は床屋に通っている。でも、ここ3年ぐらいはカツラをしていて、それをすごく高級な美容院で調整してもらってたんだ」

●えええええ！！！！　カツラ!?

「うん。『兄貴、危機一髪！』のときは、ずっとカツラで、だから前に来日したときも実はずっとカツラだったんだ」

●（爆笑）マジで？　なんで？　まさか禿げてるの？

「いや、禿げてないけど、すごく短くしてたんだ」

●そうなんだ。でも、それって秘密じゃないの？　雑誌に載せていいの？

「うん、いいよ」

●みんなビビると思うよ。

「そうかもね。確かにこのことについて公言したことないからなぁ」

●いや～ビックリした。で、結局、どうしたらそういう髪型になるの？

「まず基本的にはシャンプーを使って洗わないこと」

●ははは！

「本当に。せいぜい1ヶ月に1回程度に抑えておこう。それ以外は水だけで流すべき。そうすると自然に髪が潤ってきて、人間としてもっともナチュラルな状態のヘアスタイルをものにすることができるから」

ネギが嫌いな場合

趣味／嗜好の悩み

ネギが嫌いで、いつまでもどうしても克服できない女性。なんとか食べはするものの好きにはなれないそう。嫌いな理由はにゅるっとした感じとネギ臭いのと、からいこと。父には「自分だけがからいんと違うぞ」とよく言われ、自分でもそれはわかってるそうなのだが、このネギ嫌いは先天的にどうしても受けつけないと思えてならないそう。でも好きになりたい、という彼女に良きアドバイスを！　ちなみにアンドリューはどうにもできない好き嫌いはある？　大人になったからと言って、好きになれないものはなれないという気持ちには賛成できる？

（38歳、女）

「いや、その気持ちは理解できるよ。別に食べ物に限らず、誰だって苦手なものはあるわけだからさ。おれの場合は……嫌いなものってそんなにないかも。でも暴力は大嫌いだし、えっと、あとパーティーは嫌いだな」

●え？　え？　え？

「うん、みんなと一緒にバカ騒ぎするのは実はあまり好きじゃないんだ。そういう場に行ってみんなが楽しんでるのを見ていつも『なんで自分はこんなに居心地悪いんだろう？　シャイだから？　退屈な野郎だから？　駄目だな、おれ』って自虐的になることが多かったんだ。でも気付いたんだ、自分がパーティーに向いてないってことに。しょうがないことだよ、どうしても楽しめないんだから。ただ、そういう場をみんなに提供するのは大好きなんだ。超ハードなパーティーの裏方に徹していることこそがおれの性に合ってるし、それこそがおれにとっての幸せなんだ。でも、そうやって人は成長していくものだよ。常にオープンマインドを保つことは大事だけど、なにかを体験したとき、心の中の『なにか違う』、『好きじゃないかも』という声には絶対に耳を傾けるべきだよ。結局、そういう好き嫌いによって人格は形成されているわけだしさ。たとえば君の父を含めて日本人誰もが大好きなネギだけど、それを嫌う君は、それだけでユニークってことになるわけだろ？　別に君はネギが好きな人まで嫌うほどネギが嫌いなわけじゃないわけで、だったら誰にも迷惑をかけているわけじゃないし、無理して好きになる必要はない。食べ物だけじゃなくて、たとえば仕事に関しても同じことが言える。好きじゃないし、楽しくない仕事を続ける人って多いよな。でも別に無理して好きになる必要はないし、続ける必要はない。人間誰もが苦手なものはあるわけで、それはなにも悪くないんだよ」

●逆に嫌いだったものがなにかのキッカケで好きになると、めちゃくちゃはまったりしない？

「あるある。そういう嫌いだったものを好きになると、なんかそれだけでアドベンチャーって感じになって、余計深入りしちゃうんだよね。人間関係でもよくある。最初は『最低だな』って思ってたやつほど、知り合っていくとすごくウマが合うようになることって、よくあることだよ」

痛みを伴わずに大量の鼻血を出してみたい場合

身体の悩み

25歳になってもまだ良く鼻血が出るという男性だが、『パーティー・一直線』のような鼻血は出たことがないという。痛くない方法であの量の鼻血はどうやったら出るの!? 何かカッコイイアドバイスを!

(25歳、男)

「う〜ん、鼻血が出始めたら、逆立ちしてみたら? それで鼻血を溜めるんだ。そしてパッと普通に立ってみたら、ドーって鼻血が溢れ出てくるはずだよ。あと、これは高いレベルの技術が必要なんだけど、鼻血が出てきたら水を口に含み、それを鼻血と一緒に鼻から出すんだ。口の中の傷ってやたらと血が出るけど、あれはツバと混じって多く見えてるだけなわけで、それと同じ原理で水で血を多く見せてみるんだよ。ただ、これらは体にいいとは思えないんで、あまりお勧めできないなあ。そもそも良く鼻血が出るのは問題だから医者に診てもらうべきだよ。……ただ、超カッコイイ鼻血が出たら、写真を撮るのを忘れないように!」

口内炎が酷い場合

身体の悩み

昔から口内炎が酷くてたまらないという男性。口内炎はどうしたら治るの？　何かよい解消法は？
（16歳、男）

「すんごく共感できるな。おれも君と同い年のころ、しょっちゅう口内炎に悩まされていたんだ。最近はないけど。なんでか知らないけど、ニキビとかと一緒で10代が悩まされる病気ってイメージはあるよね。でさ、たまたま観たテレビ番組で様々な民間療法を紹介していたんだけど、口内炎にはヨーグルトが効くって紹介されてたんだ。それで試してみたんだけど、本当に口内炎が治ってさ。なんでだろう、ヨーグルトの菌が口の中を殺菌してくれるからなのかな？　よくわからないけど、それから毎日ヨーグルトを食べるようにしたら、それほど口内炎に悩まされることはなかった。あとレーズンもいいって聞いたことがある。医学的な根拠があるのか、ただの都市伝説なのかはわからないけどさ。でも、損することないから試してみる価値はあると思うよ。あと、こういうのってプラシーボっていうか、心理的な効果があるしね。なにかが効くと思い込んだら、なぜか体がそれに従ってしまうという。不思議なことだけど、クスリってわりとそういうメンタルな効き目があったりするんだよな。あとこれは実際に歯医者に教えてもらったんだけど、毎日、塩水で口をゆすぐと殺菌効果があっていいらしい。そうそう、口内炎の原因って睡眠不足とかストレスだったりするんだよね。あと偏食とか。だから、たっぷり休みを取って、ビタミンをきっちりと摂取するのも大切」

●ぼくも口内炎によくなったけど、それほど嫌じゃなくて、あえてグレープフルーツ・ジュースを飲んだりして、刺激してたんだ。別にマゾじゃないし、痛みは嫌いなんだけど。

「へ～。でも、それもいい解決策かも。口内炎を好きになったら、問題じゃなくなるから。でも、あまりにも酷くなるようだったら歯医者に診てもらうべきだよ」

あとがき

この本を読んでくれてありがとう。たとえ、ちょっとしか読んでなくても、すべてを読み終えていても、または本文を読む前にこのあとがきから読んでいたとしても。これから述べるのは『悩み相談』を続けてきた6年以上の自分なりの感想。ただ、最初に断っておかなければいけないのは、自分が人にアドバイスできるような資格をまったく持っていないということ。これはハッキリさせておきたい。だから、おれのことを権威としてみなして欲しくないし、あくまで自分の本能に従って、この本に接して欲しい。おれはただの人間であり、みんなと一緒で自然とパーフェクトなんだ。だから悩みに対するおれの回答は、自分がもっとも完璧と思える概念を追求したものでしかない。そして、それらはすべて、「自分の考えを持ち、他人の意見を楽しむ」という考えから生まれている。そもそもこの本はエンターテインメントであるべきなんだよ。

確かに、この本はおれの考えとアドバイスで満載だけど、おれはこれまで数多くの素敵な人々からあらゆる助言を授かっている。それは友達や家族だったり、先生だったり、同僚だったり、または作家や音楽家だったりするんだけど、ありとあらゆる人々が、おれの人生、そしてその歩み方について、なんらかの見解をおれに与えてくれた。もちろん、人生の歩み方に基準なんてないわけで、それは人それぞれが自分で切り開いていくものなんだけど、この本に収められたあらゆる情報が、自分のマインド、自分の世界、自分の信念、そして自分が自分であるという感覚について考察するキッカケとなることを願っている。そもそも、みんなの前に開かれた、無限に広がる可能性の連鎖の中、おれの考えというのはほんの一部分でしかない。ただ、より注意深く、より意識的に、自分の胸の高鳴りに共鳴して、本能に従うことによって、誰もがそれらの可能性、それらの選択肢を考慮することができるし、試すことができる。そしてそうすることによって、自分がなにをしたいかが頭の中で明確になるはずだし、それを実現させる完全無欠な勇気が自然と漲ってくるはずなんだ。

これまでおれに悩みを相談してきたすべての人にお礼を申し上げたい。この本にそれが掲載されていようがいまいが、悩みを寄せてくれたすべての人はこの集大成に貢献しているし、これこそみんなで達成した結果であり、そのことに深く感謝している。これまでみんなが費やしてきたエネルギー、つまり自分の思いをハガキに綴って、それを郵送するために使った時間と労力は、確実にフィジカルな力として結実している。そして、そのエネルギーはまさにこの本に包括されていて、それが生身のパワーとして、誰もが人生に応用できるものとなっているんだ。

みんながそうやっておれに相談してくれたおかげで、おれは君たちの人生、君たちの文化、そして君たちがどのように世界を観ているかを学ぶことができたし、逆に自分の人生についてもより深く知ることができた。他人として生きることを想像しながら、自分としての意見を述べることには、そういう効用があるんだ。よく参考にしたのは、母、父、あるいは妻の観点。自分の人生経験に多大な影響を与えたのは、そういう身の周りの人たちだったから。そして、たとえそれが「悪い」経験だと思えても、そこから建設的な課題を見出して、自分のことをより深く理解することができるんだと思う。みんなの思いと言葉を通じて、こうやって君たちと時間を共有できたことで、おれの人生は大いに影響されたよ。

もし、おれのロックンロール・デビューとなった『アイ・ゲット・ウェット～パーティー・一直線！』をリリースしたころに、自分の音楽とエンターテインメント活動を通して、毎月『悩み相談』のコーナーを受け持つことになると言われたら、間違いなくぶったまげていただろうね。さらに、その『悩み相談』のコーナーが日本の音楽誌に連載されると言われたら、それ以上にめちゃくちゃぶったまげていただろう！　ここに辿り着くまでの道は常に予想不可能で、とにかく楽しめた。自分のやってきたこと、それが音楽であろうと、たとえば『悩み相談』のようなものであろうと、それによって人々の気分を高揚させることができたことは非常に光栄に思っているし、そういう形で自分という人間をプレゼンテーションできたことには本当に感謝している。人々を〝助けたい〟というコンセプトは、結局、自分を助けたいという気持ちから生まれるんだと思う。そして音楽